＼人口一極集中！／
東京圏に優良資産をつくる！

「新築一棟投資法」シリーズ

土地探しから始める不動産投資

箕作 大
Kisaku Dai

はじめに

・加熱する不動産投資ブーム！　利益が出せるような物件はほとんどない？

ひと昔前、不動産投資といえば、ひと握りの限られた人だけが行うものでした。

その頃は競争も少なかったため、掘り出し物の中古物件を入手することもできました。わけあり物件を破格の値段で入手できることも、しばしばありました。

しかし、今はそんな時代ではありません。

ごく普通のサラリーマンの方々までもが不動産投資に参入し、日本中で多くの人が必死になって物件を探しています。その結果、**物件の争奪戦は激しくなり、物件価格が高騰、利回りが急激に低下**しました。

すでに評価の高い地方の中古ＲＣマンションにも出物はありませんし、融資がつきにくいような築古の中古アパートでも、なかなか利回りが高いものにはめぐりあえません。

そんな状況のなかで、ぎりぎりキャッシュフローをプラスにするのが精いっぱいの、決して条件の良くない物件でも飛ぶように売れています。

地方都市の利回り10％（借入金利4・5％）程度の中古物件にも買付が殺到し、物件をしっかりと確認する間もなく急いで契約しなければ、物件は買えません。

もはや一般投資家の方には、大きなキャッシュフローやキャピタル・ゲインが出る物件を入手することなど、非現実的な話になっているのです。

いきなり不動産投資のマイナス面を申し上げて、皆さんのやる気を挫いてしまったかもしれません。

しかし、皆がうらやむ高利回り物件が購入できたのは、今や昔の話。

もう従来の方法では、キャッシュフローを十分に生み出す不動産投資は難しいということを、まずご理解いただいたほうがいいと思います。

・人口減少が明らかな地方物件は危険

前述したとおり、昨今の不動産投資ブームで物件の利回りが急激に下がっています。キャッシュフローを出すためには、利回りの出る地方都市の物件を購入するしかないといった状況です。

しかし、よく考えてください。

今後日本は、未曽有の人口減、少子高齢化社会を迎えます。一部の都市を除くと、人口が半分以下になり、消滅する都市さえ出るのでは、と言われています。

今は良くても、将来的に経営が苦しくなるのは火を見るより明らかです。そのような物件を購入して、いつまで保有するのでしょうか?

人口動向を予測し、売却時期を決め、出口戦略が明確であれば良いかもしれませんが、もししっかりと調査してみれば、売らなければならない時期はそんなに遠い将来ではないかもしれません。それ以上保有していると、売るに売れない悲惨な状況を生み出す可能性があります。

一方、**将来的な展望として、唯一人口が増えると予測されているのが東京圏**です。

名古屋圏、大阪圏も人口減少に転じたなか、労働人口である単身者は、地方から東京圏に一極集中し、今後長期にわたって単身者向け賃貸市場が拡大します。

東京オリンピックの開催決定により、東京は国際都市としてロンドン、シンガポール、香港などと肩を並べるべく、唯一大きく発展していく都市なのです。

それを考えると、もし投資不動産を持つのであれば、**発展していく都市の周辺、いわゆる東京圏に限定する**というのが、いまさらながら当り前だと考えられます。


しかし、そのようなことは大半の投資家は分かっているはずです。

ではなぜ、東京圏以外で投資物件を保有するのでしょうか?

答えは簡単です。東京圏は競争が激しく、利回りが出ないので、儲からないと判断しているからです。

だからといって、今は良くても将来的には大損をしてしまうかもしれないような地方物件を保有していいことにはならないはずです。

一度、冷静にご自身の保有している物件の将来性を調査、検証してみることを強くおすすめします。

・今でも堅実に大きな利益を生む投資法があった！

ここまで不動産投資についてネガティブな話をしてきましたが、当然、不動産投資を否定することが本書の目的ではありません。今の厳しい状況の中でも堅実に利益を出すことができる不動産投資法があるのです。

それが今回、本書でご紹介させていただく「新築一棟投資法」という投資法です。

中古物件や建売物件を購入しても、本当に将来に渡って利益が出せる物件を入手することは今や困難になったことは前述しました。

そこで発想を転換し、良い土地を探して購入し、そこに新築でアパート・マンションを建ててしまおう、というのが「新築一棟投資法」の概略です。

言うのは簡単ですが、これを実現するには多くのノウハウが必要となり、それを結集したものが本投資法になります。これを使えば、今でも再現性をもって、堅実に大きな利益を生むことができます。

本書では、この「新築一棟投資法」という不動産投資法をご紹介します。

この投資法の特徴としては、

●新築でも中古以上の利回り
●明確な出口戦略
●安定した収入と支出
●東京圏の好立地に限定し、長期的に高稼働率、資産価値を維持
●好条件で融資を受けられる
●法人設立による消費税還付、所得税の節税

など、最終的に多くのキャッシュを手にしていただける内容となっています。

私はこれまで、土地探しから始める「新築一棟投資法」にマトを絞り、さまざまなノウハウの実践を積み重ね、いろいろなテクニックを集めて、新たな投資法として確立してきました。

これまで多くの投資家と接してきた不動産投資コンサルタントとして、客観的な目で見ても、ほかの投資法とくらべて再現性もあり、自信を持っておすすめできる、優れた「投資法」として確立することができたと自負しています。

投資家のなかには、

「不動産投資のセオリーは中古だから」

「新築は利回りが低いから」

と、目まぐるしく動く不動産投資トレンドを考慮せずに、中古物件ばかり探している方がいます。

投資家にはお忙しい方が多いので、常にアンテナを張って投資情報を更新していくのは大変だという側面もありますが、ここで不動産投資に求めていることに立ち返りましょう。

「物件を買う」のが目的ではなく、「お金を儲けて豊かになる」ことが目的のはずです。

だとすれば、「中古とくらべてリスクが少なく、お金が儲かる新築投資物件」を買うことができれば、過熱した市場のなかから、出てこない物件を探さなくてもすみます。

本書は、当社が確立した投資法とその理論を1冊の本としてまとめた書籍『新築一棟投資法』（2015年）に新たな要素を加え、目まぐるしく動く市況に即した内容にリニューアルした改訂版となります。

なお、本書で解説した手法は、いくつかの投資テクニックの組み合わせで成り立っていますので、部分ごとに見ても、ほかの投資法にも十分活用できるものです。

本書が、これから不動産投資を志す方のみならず、すでに多くの経験を積んできた投資家の皆様にも一助となれば幸いです。

不動産投資コンサルタント
株式会社インベストオンライン代表
箕作 大

土地探しから始める 不動産投資

第1章

中古物件の利回りが急落！ついに新築の利回りが中古を逆転した

1　儲かるはずの中古の利回りを新築が超えるという逆転現象

・投資家たちがもてはやした「中古」の利回りが急落！

不動産投資では、**利回りが高く、比較的長期の融資が組めて、しっかりとキャッシュフローの出せる中古物件を購入する、というのが今までのセオリー**でした。

しかしながら、昨今の不動産投資ブームの過熱により不動産価格が高騰し、中古の投資用アパート・マンションの利回りが急激に低下しています。**今やまともにキャッシュフローが出る物件を入手することは困難**となりました。

もちろん、物件によっては、たまたま高い利回りの優良な中古物件が出る可能性も0ではありませんが、**よほどの経験や情報がなければ手に入れるのは困難で、再現性もありません**。

不動産投資はしたいが、欲しい物件を手に入れることができない、という投資家がかなりの数、存在しています。

・業界の常識を覆し、中古を逆転した利回り

大手不動産投資ポータルサイトでは、２０１１年と２０１６年の中古物件と新築物件の利回りをくらべてこのように発表しています。

「**『高利回り』であることが中古物件のメリットの一つであるにも関わらず、昨今の物件価格の高騰による影響で利回りが下落し、新築物件と比較しても、利回りがほとんど変わらないという結果になりました。しかも比較する対象によっては新築の方が利回りが高いことがわかります**」

これを見ても、とりあえず中古投資、という流れは大きく変わってきていると言わざるを得ません。

不動産投資の手法は銀行の融資姿勢にも大きく左右されるため、その時代、時期の情勢によってどの手法が利益を出しやすいのかが、刻一刻と変化していきます。

そこで私が提案するのが、**土地探しから始める**「**新築一棟投資法**」です。

不動産投資をするにあたって、すでに完成している中古物件や建売の物件を購入するのではなく、

その名のとおり建物の建っていない土地から探し、そこに新築でアパート・マンションを建てようという投資法です。

・中古の利回りを凌駕できるのは、「土地探しから始める」から

土地探しから始める「新築一棟投資法」では、物件を土地探しから始めることで、**今でも新築で中古物件以上の利回りを実現しています。**

東京圏の場合、すでに競争が激しく、しっかりとキャッシュフローが出せるような中古物件は市場に出まわることがほとんどなく、入手することは事実上困難です。それにくらべると土地探しから始める「新築一棟投資法」の場合、物件探しの難易度も高く、まだ投資法が広く浸透していないため、今でもお宝物件を見つけることが十分可能なのです。

・「利回り」と「インカム・ゲイン」、「キャピタル・ゲイン」

すでに何度か言葉として登場していますが、不動産投資を考える上で重要な「利回り」、「キャピタル・ゲイン」、「インカム・ゲイン」などの用語について改めてご説明しておきたいと思います。

・利回り

まず、「利回り」とは、投資した**不動産から得られる賃料収入などの収益率**のことです。

よく利回りとして不動産広告などに表記されているものは「**表面利回り**」で、物件価格に対する満室時の年間賃料収入をパーセンテージで表したものです。

満室時の賃料収入から空室賃料や管理費、修繕費などを差し引いて計算したものを「**実質利回り**」といいます。

実際の不動産の評価は実質利回りで行うべきですが、物件の種類によって表面利回りと実質利回りの差の大きさはまちまちです。

東京圏の新築の場合、中古と比べて入居率も高く、修繕費や入居者募集にかかる広告宣伝費などもほとんどかかりませんので、同じ表面利回りであれば、実質利回りは築年数の経った地方の中古物件より1％〜2％程度は高いものとなります。

・インカム・ゲイン

一般的に「インカム・ゲイン」（income gain）というのは、**資産運用に際して、ある資産を保有することで安定的・継続的に受け取ることのできる現金収入のことを指します**。

銀行預金や利付債券の受取利息、投資信託の収益分配金がそれに該当します。

株式投資の場合には、株主が企業から受け取る配当金がインカム・ゲインということになります。

一方、不動産投資での「インカム・ゲイン」というのは、不動産を購入し、それを運用することで月々に得られる賃料収入などのことです。家賃が10万円の物件であれば、その家賃分の10万円がインカム・ゲインということになるわけです。

・キャピタル・ゲイン

これに対して「キャピタル・ゲイン」(capital gain)は、**保有していた資産の値段が変動することによって得られる収益のことを指します**。

ここでいう資産というのは土地、建物、絵画、ゴルフ会員権、貴金属など幅広いもので、株式や債券などの有価証券も含まれます。

一般的に価格が変動するものを安く購入して、高くなった時に売却して得られる値上がり益がキャピタル・ゲインということになっています。

したがって、不動産投資でいう「キャピタル・ゲイン」というのは、不動産を購入し、それを購入金額以上の値段で売却することで得られる収益のことです。

例えば、不動産を1000万円で買って1500万円で売れば、500万円がキャピタル・ゲインということになります。逆に、値下がりなどによって、売却価格が下がって損失が出た場合は、キャピタル・ロスが出たといいます。

インカム・ゲインとなる家賃の観点から不動産投資を考えてみた場合、不動産への『投資』というよりはむしろ、不動産賃貸業を『経営』していくと考えたほうがいいのかもしれません。

定期的な建物の手入れや修繕を行って賃貸物件としての魅力を維持し、入居率や賃料を高水準で保っていければ、インカム・ゲインとしてその成果を継続的に受け取ることができます。

また、利回りは売却の際の価格に反映されますので、高いインカム・ゲインを維持していれば結果として高く売却できる可能性が高まります。

このように、安定的なインカム・ゲインを得ながら運営し、出口ではキャピタル・ゲインも得るというのが、不動産投資の1つの理想形だといえるでしょう。

2　中古、地方のリスク…すでに中古物件を買う理由はない？

・中古との比較

中古物件に投資をすることが悪い、というわけではありません。資産性があり、しっかりキャッシュが手元に残る物件であれば、中古物件は魅力的です。

しかし、先ほども述べたように、今では**そのような物件を一般投資家が買うのは難しい状態**です。

では、当社の新築と中古の比較をしてみましょう。

まず、不動産投資をする時に気を付けていただきたいのは、「表面利回りだけで見てはいけない」ということです。

さらに、**キャッシュフローを考えるなら表面利回りではなく「実質利回り」（満室時の家賃収益から空室家賃や管理費、修繕費などの経費を引き、物件価格で割ったもの）を見なければなりません。**

築20年のRC物件と新築物件が同じ表面利回りだとしても、実際は、**中古物件は大・小規模の修繕費や古くなった設備の入れ替え費用などの経費がかさむ**ため、実質利回りは大きく下がります。

中古物件は、いつどのような形で大規模修繕が発生するか、プロが見てもなかなか判断がつきません。**この潜在的な修繕費は、中古物件が抱える最大のリスク**といっていいでしょう。

新築物件の場合は、10年間は瑕疵担保責任が義務付けられるため、大規模修繕のリスクがほぼありません。設備も新しいので、設備の修繕費もほとんどかかりません。入居付けもスムーズです。

このように、**初めて不動産投資をされる方でも、安心していただけるのが「新築一棟投資法」の魅力の1つ**でもあります。

・地方との比較

不動産投資ブームが過熱するなか、全国的に空室率が上がっているというニュースをお聞きになったことがあるでしょう。さらに、人口減少が拍車をかけているという現実があります。

空室が埋まらない、というのは賃貸経営をするにあたって最も大きなリスクです。

これから人口が減少してくる地方に物件を持つということは、東京圏の好立地にくらべ大きな空室リスクを背負うということになります。

東京、神奈川、千葉、埼玉は全国的な人口減少のなかにあっても転入超過＝人口増加しています。進学や就職で都心に出てくる単身者が、今でも増えているのです。

また、首都圏全体を見ても空室率は上がっていますが、**そもそも問題となっているのは「賃貸需要がない場所に建てられた物件の空室率」**なのです。

節税対策として賃貸需要のない地主さんの土地にアパートを建てたり、人口が少なく駅から遠い場所に大きなマンションを建てたりすると、入居者は集まりません。

こうした物件が、**空室率を押し上げている**のです。

当社がご紹介する物件は、この1都3県のさらに賃貸需要の高いエリアに絞ることにより、高い稼働率を維持することができます。

いい立地に物件があれば、長期的に賃貸需要が見込めます。

新築ですので修繕費のリスクがなく、計画どおりにキャッシュフローを出すことが可能になります。

しかも、条件を満たせば誰でも物件を買える「再現性」がある。

それが、「新築一棟投資法」なのです。

利回りでも、稼働率でも、将来性でも中古を凌駕するとなれば、もはやわざわざ中古を選ぶ理由がありません。

第2章

「新築一棟投資法」なら、今でも大きな利益を出せる

1 「新築一棟投資法」は確立された必勝パターンの投資法

・堅実に、十分なキャッシュフローが得られる5つの理由

「土地探しから始める」という、これまで業界ではあまり見なかったスタイルの「新築一棟投資法」ですが、今では実績もでき、たくさんのノウハウと経験を積み上げた集大成として、再現性もあり、明確な必勝パターンである「投資法」として確立することができました。

ここで、この投資法が長期的に見ても堅実に、かつ十分なキャッシュフローを生み出す５つの理由を整理したいと思います。

①　新築なのに、中古以上の利回り――1章

②　新築ならではの明確な出口戦略――2章

③　新築ならではの安定した収入・支出――3章

④　東京圏好立地に限定し、長期的に高稼働率と資産価値の維持を実現――4章

⑤　好条件で融資を受けられる――5章

＋

★法人設立による消費税還付、所得税の節税など――6章

「新築一棟投資法」では、この①～⑤のノウハウにより、表面利回りだけでなく、実質の投資効率を最大限に高めることができるため、堅実なキャッシュフローを生み出します。

まずは①により表面利回りを高めます。

②③④により、表面利回りだけでなく、実質利回りが高くなります。

⑤で圧倒的に有利な融資条件を引き出し、さらに、★で所得税を軽減する、といった感じです。

不動産投資を行うにあたって重要な表面利回りですが、表面利回りはあくまでも1つの指標であり、そのほかにもさまざまな要素がからみあって、実際の投資効率が決まります。

「新築一棟投資法」が優れているのは、表面利回り以外の要素も含めて、最終的にキャッシュを残す多くのテクニックが集約されていることです。

2　高い収益性を実現するための基本「物件選び4項目」

「新築一棟投資法」で**大きな利益を出すために重要な「物件選び4項目」**を整理したいと思います。

不動産投資を行うにあたって、投資家が一番求めるものは、「その投資によって、最終的にいくらのお金を生み出すことができるのか」ということでしょう。

そのために必要な物件選びの基準となるのは、大きく分けると次の4つの要素です。

- **実質利回り**
- **融資条件（金利、借入年数）**
- **税率**
- **売却価格（出口戦略）**

融資条件に関しては、頭金の必要金額や融資期間も関係しますが、最終的に売却した際に決定する利益でいえば、やはり金利が一番重要になります（もちろん、保有期間の月額のキャッシュフローを考えれば融資期間も大切です）。

不動産投資にとって、先ほどの4つの要素はどれもまったく同じくらい重要な要素ですが、不慣れな投資家はどうしても表面利回りに目が行ってしまいます。

とにかく不動産投資をしたい一心で、業者にすすめられるままに、地方の少しばかり表面利回りの高い物件をかなり高い金利で、法人ではなく、個人で購入してしまっている投資家が非常に多いのです。

はたしてそれが自分にとってベストな投資なのか？

ここで一度立ち止まって、さまざまな知識や情報を得たうえで、計画的に物件の購入を進めてほしいと思います。

十分な知識や情報のもと、準備をせずに場当たり的に不動産投資を始めても、必ず損をします。

本来ならば実現できたはずのベストな投資とはかけ離れた投資になってしまってから後悔しても、取り返しはつかないのです。

物件を購入する際は、4つのすべての要素を加味して、最適な投資物件を選択してください。

物件や投資法によっては、低い金利融資を受け、法人を設立して所得税を0に、といったことが可能なのです。

これらが許される金融機関は限られますが、しっかり情報収集して、最も利益の出る投資を選択しましょう。

・物件選びで最も重要かつ簡単な指標は、「イールドギャップ」

私が不動産投資をするにあたって、物件を選択する際に最も分かりやすく重要な指標は、イールドギャップだと考えます。

イールドギャップ　＝　物件利回り％　－　借入金利％

イールドギャップとは、物件の利回り％から借入の金利％を引いたもので、高ければ高いほど利益が出ます。

家賃収益から金利支払分を差し引いたものなので、物件を購入するにあたって、物件価格の大部分を借入する場合は、ざっくりとした収益性が算出できます。

例えば、地方の表面利回り8%の物件を金利4・5%で購入すると、イールドギャップは3・5%。東京圏の利回り6・5%の新築物件を金利2・8%で購入すると、イールドギャップは3・7%。

比較すると、**多少物件の利回りが低くても、借入金利を低く抑えることで、大きな利益を得ている**ことになるのです。

さらに、厳密な収益性を考える時、表面利回りではなく、実質利回り（満室時の家賃収益から空室家賃や管理費用、修繕費などの経費を引いて計算したもの）を利用しなければなりません。

築20年の中古物件と新築物件では、表面利回りが同じでも、稼働率や修繕費、入居者募集に必要な広告宣伝費などを考慮すると、実質利回りは圧倒的に新築物件のほうが高くなります。

特に築20年以上経過した地方のRC物件などは、大・小規模の修繕費や古くなった設備の入れ替えにかかる費用などが大きいうえに、相対的に稼働率も低く、入居者募集に必要な仲介業者への広告費も多くかかるので、利回りにして1～2％は低く評価する必要があります。

そうなると、実質利回りで考えた場合、金利の低さもあり、前述した東京圏の表面利回り6・5％（借入金利2・8％）の物件は、表面利回り9％～10％の地方物件（借入金利4・5％）と同等のイールドギャップということになります。

また長期的には、人口減少を考えると、地方物件は今後利回りが低下することが予測されますので、それも加味して物件を比較評価すべきだと考えられます。

3　新築だからこそ！　明確な出口戦略

・不動産投資は物件を売却した時に確定する

不動産投資の収支は、最終的に物件を売却した際に確定します。

たとえ収支がプラスでまわっていたとしても、売却した時に低い価格でしか売れず、結果的にマイナスになってしまったとしたら、それは不動産投資が成功した、儲かったとはいえないでしょう。

では、新築物件だからこその出口戦略の強みとは何でしょうか。

新築物件の場合、10年間持っていてもまだ耐用年数が残っていますので、売却時にも次に物件を購入する投資家は長期ローンを組むことができます。

実際に、築10年の物件であれば、次に購入する方は、木造であっても30年の長期ローンを組むことができる金融機関（オリックス銀行など）がいくつか存在します。

しかし、築20年の物件を10年所持すると築30年になってしまいます。その時点で次に購入する投資家のローン組みが難しくなり、売却しづらくなると予想されます。

したがって、新築物件は売却のしやすさという観点からも、中古にくらべて非常に有利だといえます。

・工夫次第でまだまだ儲かる不動産投資！　まずは「勝ちパターンの投資法」を探せ！

不動産投資を始めるにあたって、最初に投資計画を決めることが非常に重要です。

自分の目標に対し、それを達成するためには、自分に合った戦略で購入計画を立ててから行動しなければ、必ずといってよいほど失敗します。

特に、自分に最適な**借入融資に関する計画を決めずに場当たり的に物件を購入してしまうと、使えるはずだった好条件の融資を使えなくなるうえに、さらなる買い増しが難しくなります。**

まずは、どの順番で、どの金融機関から、どのような条件で、どんな物件を買い進めるかをきちんと決めてから、最も良い融資条件を生み出す金融機関の順で物件を買い進めることを強くおすすめします。

また、もう1つ私がおすすめするのは、**しっかり確立された勝ちパターンの「投資法」を身につけて、その基準に沿って物件を買い進めること**です。

物件ありきで投資を進めると、しっかりとした判断が難しく、場当たり的になってしまいます。

大きな成功を収めている投資家は、たいてい得意な投資法を1つ持っていて、その基準に沿って投資を進めているケースが多いのです。

ここでいう「投資法」というのは、その法則にしたがって投資を行えば、（一定の条件・属性の下では）誰でも、簡単に、再現性をもって固く利益が上がる方法のことです。

その投資法に関するノウハウが1つのパッケージとして確立され、繰り返し何度も使うことができ、誰でも利益が出せるのであれば、それを使うのが一番楽で低リスクだからです。

ひと昔前は、比較的に簡単な投資法として、RC（鉄筋コンクリート造）築20年くらいの中古物件を購入するという投資法が多く見られました。

RCであれば耐用年数は47年で、残存年数もまだ27年くらいあり、20年以上の長期融資を引っ張ることができるため、値段も手ごろでキャッシュフローが出しやすかったのです。再現性もありました。

しかしながら、**最近では不動産投資ブームのおかげでめっきり利回りが下がってしまい、好立地で利回り10％を超えるような物件の入手は現実的ではなくなりました。**

地方都市では今でもそれなりに利回りが出る物件もありますが、地方でこれから進むであろう急激な人口減少のなかで、そのような物件を投資目的で安易に購入して良いのかどうか。長期的に見れば非常に厳しい状況にあると言わざるを得ません。

ほかにも、いわゆるボロ物件を安く購入しリフォームをして利回りを出したり、借地権や再建築不可物件、競売物件を購入する手法などもありますが、これらの投資法にはかなりの知識とノウハウが必要であることは言うまでもありません。

複数の投資法を身につけることは、会社勤めなどで時間のない多忙な身では難しいことです。ならば、**確実に儲かり、自分に合った投資法に集中することが成功への近道**です。

「新築一棟投資法」は、単に土地から探して新築で建てるというだけのものではありません。ほかにも多くのノウハウを組み合わせ、長年積み上げてきた経験と実績に基づき、できあがったパッケージです。

このパッケージを適用することで、誰でも簡単に、再現性をもって、今でも十分に利益を得られる投資をすることができるようになったのです。

当社の提唱する、土地探しから始める「新築一棟投資法」も明確な勝ちパターンである投資法のうちの1つであり、当社が数年間かけてノウハウを蓄積し、集大成として築き上げてきました。

ぜひ、活用していただけると幸いです。

第3章

「表面利回り」だけじゃない！圧倒的に高い「実質利回り」

1 直接契約でコスト圧縮！ 業界の常識を覆した高利回りのワケ

・ここが違う！ 「建売物件」と土地探しから始める「新築一棟投資法」

購入する投資物件を探す時は、不動産投資物件の専門サイトから探すか、不動産業者に依頼して物件を紹介してもらうのが一般的です。

しかし、紹介してもらえる物件は、ほとんどが中古物件、もしくはごく少数の「建売」の新築物件になります。

「建売」の新築物件とは、すでに建物が完成している新築物件、もしくは間もなく完成予定の新築物件です。

「同じ新築なら、わざわざ土地から探さなくても建売物件でもよいのでは？」

という疑問もあるかと思いますが、結論から言うと、建売の新築物件というのは一般的に中古以上に利回りが出ません。

その理由は、**建売の場合、一度、建売業者が土地を購入し、その上に建物を建て、そこに大きな利益を乗せたうえで物件を売りに出す**からです。

もちろん新築ならではのメリットはありますが、利回りが低くては意味がありません。

一方、**土地探しから始める「新築一棟投資法」の場合、投資家が土地を購入し、建築会社と直接、請負契約を結んで建築することができます**。

一度、建売業者が土地を購入して、物件を建築すると、建売業者はそれに見合った土地、建物の利益を乗せて売らなければなりませんが、土地を購入し、**直接建築会社と契約を結べば、低いコストで建築することができるので、利回りが上がります**。

それではなぜ、土地から探して新築で建物を建てるという投資法が、それほど一般的に行われていないのか、その理由を次に説明します。

新築建売の場合

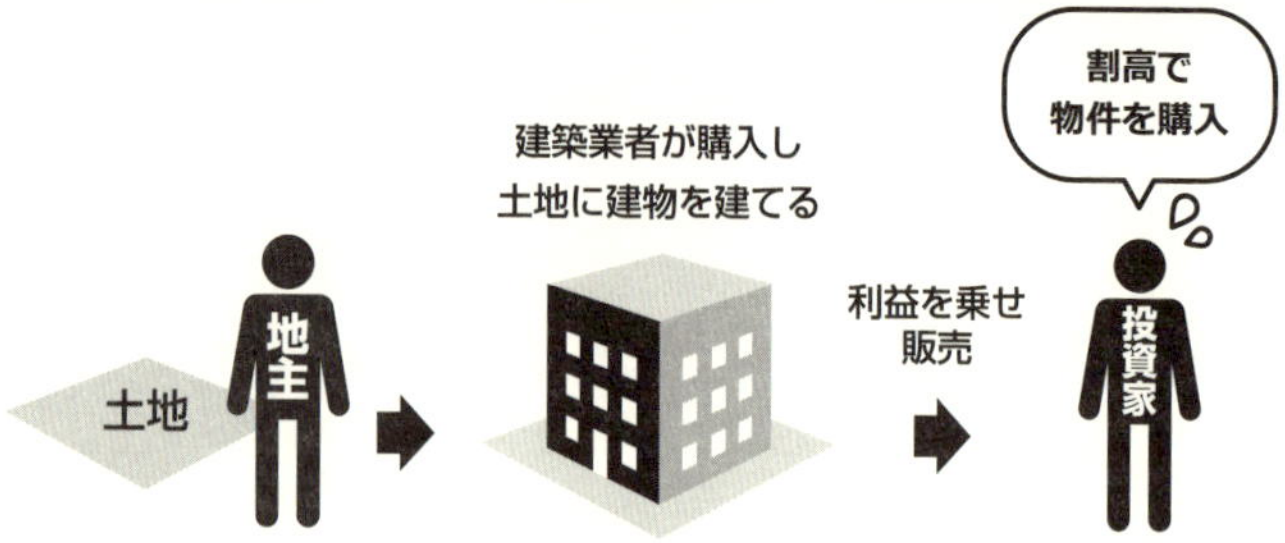

土地探しから始める「新築一棟投資法」の場合

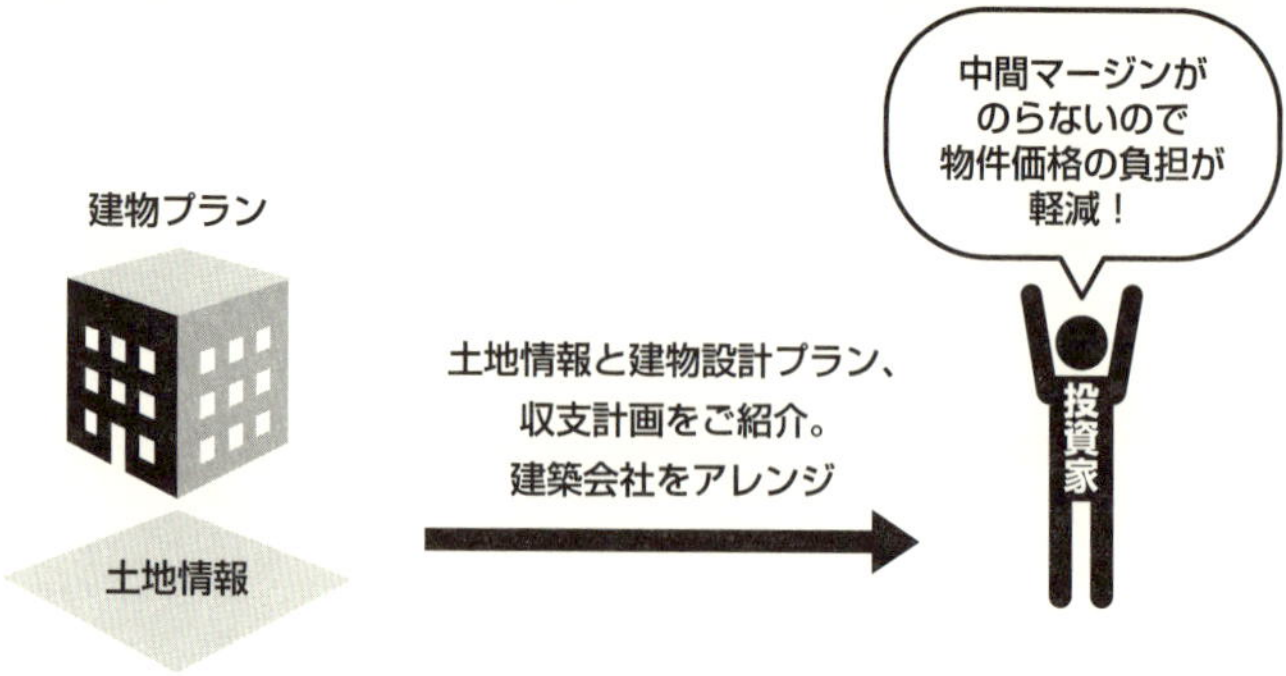

・物件探し、設計、建築の難しさ

なぜ、皆さんが土地から購入しないのでしょうか？

1つ目の理由は、一般に公開されている物件情報では、ほとんど良い土地が見つからないからです。

当社では未公開の優良物件を集めるために専門のチームを結成し、1都3県、くまなく地場の不動産業者とのパイプを構築して、土地情報の収集に努めています。

そのため、未公開の土地情報を素早くキャッチし、お客様にご提供することができます。

良い情報は一朝一夕に頂けるものではありません。地道な努力と、多くの年月をかけて地場の業者と信頼関係を築く必要があり、何度も何度も訪問を重ねて、やっと頂けるようになるのです。

このような地道な作業は、ノウハウを持たない一般の方や不動産業者にはなかなか難しい努力です。

2つ目の理由は、**ただいたずらに土地情報を見ても、それが投資物件として良い物件なのかどうか、**

すぐには分からないことにあります。

どのような建物がいくらで建てられて、どれくらいの利回りが出るのか、判別ができないのです。

もしその土地に、どのような建物が建つのかを判別しようと思うと、資格を持った熟練の設計士に依頼しなければ厳密には判別できません。

資格のない方や、投資物件の経験値が低い設計士が判別すると、想定していた建物が建たないことも多く、**土地の購入後、大きな事故につながります**。

建物に関する規制は、マンション・アパートのほうが一戸建てよりも複雑なうえ、市区町村など行政によっても細かく異なり、よほど経験値の高い設計士でなければ本当にそのプランで建物が建てられるのか、厳密に判別するのは難しいのです。

それでは、

「土地が出るたびに設計士に依頼すればよいのでは？」

と考える方もいらっしゃいますが、実際に利回りがしっかり出る土地は、数多くある土地情報のなかで、何十件、何百件に1件しかありません。

身近によほど仲が良く、投資物件のプラン作成に慣れた設計士がいなければ、ほかの仕事で忙しいなか、次から次に出てくる土地のプランを素早く作成してはくれないでしょう。

プランの作成には、諸々の調査なども含めると一般的に数日~数週間はかかるのです。

良さそうな土地が出ても、2~3日以内にはプランを作って購入の判断をしなければ、良い土地はすぐになくなってしまいます。

また、設計だけでなく、建築も一般の方や業者には難しい問題です。

まず建築会社自体に、アパートやマンションの豊富な建築経験が必要になります。

そのうえで適切な価格、内容で適切な工事を実行してくれる建築会社は数が少なく、そう簡単に見つけることはできません。

見積もりを依頼すると、受注したいがために最初は良いことばかり言ったり、見かけ上、実際より低い金額で見積もりを出してきたりします。

よく「坪単価〇〇万円！」などと格安に見える広告がありますが、最初は本体価格だけ提示して、設備、外構、水道の引き込みなどのほかに必要な付帯工事を入れると、最終的には倍以上の価格になることもあります。

しかし、その価格が正しいのかどうか、判別することもプロでなければ容易ではなく、発注をするとさまざまな項目があとからどんどん追加されて、想定以上に高い見積もりになったり、品質が悪かったり、工期が全然間に合わなかったり、トラブルが続出する例が後を絶ちません。

一般の方が良い建築会社を判別するのは非常に難しいことなのです。

・優秀な設計士、建築会社が成功の鍵

土地探しから始める「新築一棟投資法」を成功させるには、信頼できる優秀な専門のスタッフとチームを結成し、ノウハウと熟練度を上げていくしかありません。

土地の情報入手からプラン作成、ご提案までをかなりのスピード感を持って進められなければ、お宝物件はすぐになくなってしまいます。

当社では、これらの問題を解決するため、**優秀な一級建築士や設計スタッフを社員として採用、チームを結成し、日々、研究を重ねています。**

また、良い土地情報を集めるための専門チーム、良い建物を適切な価格で建築できる建築会社、竣工までの工程を管理する管理チームなど、お客様に安心していただけるよう、しっかりとサポートできる組織体制を、時間をかけて結成してきました。

このようなノウハウと熟練度を持ったチームでなければ、この投資法をリスクなく行うことは非常に難しいことなのです。

2 新築物件の安定した収入と支出

・安定した収入が得られる新築物件

ここでは、新築の優位性について考えてみましょう。

築浅物件と築20年の物件があった場合、多くの人は築浅への入居を望むはずです。

日本人は新しいものが好きですから、新築や築浅が人気なのです。

この築浅志向は、単に建物が新しいから気持ちがいい、という心理的な問題だけではありません。

住宅性能は日進月歩で発展しています。

新築で使われる設備や建材などの性能は10年、20年前とはくらべるべくもありませんし、間取りや内装も、最近の流行をおさえたプランによって建築されています。つまり、築年数が経過した中古物件より、築浅物件のほうが快適に生活できるのです。

また、新築への入居希望者が多いということは、竣工後、満室になるまでの期間が短くてすむということです。

あたり前ですが、築20年の中古は10年経つと築30年となり、かなりの築古物件となってしまいますが、新築ならば10年経過しても、まだ築10年の築浅ですので、新築は少なくとも10年程度は入居率が高く、さらに空室期間がほとんどないか、短くてすみます。

つまり、新築一棟物件は収入も安定するのです。

・新築物件は支出も安定している

新築のメリットは、当然ですが中古物件にくらべて長持ちしやすいことです。
大きな修繕の必要もなく、しばらくは古くなった設備の入れ替えなどの必要もないでしょう。

・10年間は大規模修繕のリスクなし！ 品確法で守られる新築物件

新築物件の場合、中古とは違い、建物に「品確法」（住宅の品質確保の促進等に関する法律）が適用されるため、10年間はほぼ大規模修繕のリスクがありません。

「品確法」というのは、住宅の性能に著しい問題や、生活に支障をきたすような重大な欠陥が生じるトラブルが多く発生していたことから、住宅に関するトラブルを未然に防ぎ、万が一のトラブルの際も、消費者保護の立場から紛争を速やかに処理できるように『住宅品確法』として、平成12年4月から施行されている法律です。

その品確法の概要は、次のとおりです。

「品確法（住宅の品質確保の促進等に関する法律）」の概要

1、新築住宅の瑕疵担保責任

柱や梁など住宅の構造耐力上主要な部分、雨水の浸入を防止する部分について、10年間の瑕疵担保責任が義務付けられています。

新築住宅の売買及び請負契約において、柱や梁など住宅の構造耐力上主要な部分、雨水の浸入を防止する部分以外も含めた瑕疵担保責任が、特約を結べば20年まで延長可能になります。

2、住宅性能表示（平成12年10月より本格的な運用が開始された制度）

新築住宅の性能を測る「ものさし」の基準が定められました。

これにより、数社の建物の耐震性などを数値で比較することが可能になり、発注者は、性能とコストを比較しながら性能に合った住宅を発注できるようになりました。

以上が品確法の概要ですが、**瑕疵担保責任が義務付けられた結果、10年間は大規模修繕のリスクがほとんどなくなりました。**

賃貸経営を最も圧迫する大規模修繕費の心配が減ることはとても大きなメリットであり、リスクに敏感な不動産投資家や金融機関にとって非常に魅力的だと思います。

また、万が一、建築会社が倒産してしまい、瑕疵担保責任が履行できない場合でも保険金で賄えるよう、保険の加入が義務付けられています。

これらの手厚い保障は、私自身も心強く感じています。

さらに住宅性能表示により、一定の基準を満たすことで客観的に建物の耐久性などを担保・証明できるようになりました。

それにくらべて**中古物件では、いつどのような形で大規模修繕が発生するか、どのような品質のも**

のなのか、ほとんど予測不可能です。

お買い得に思える高利回り物件ほど、実は必要な大規模修繕がなされていないというのは、よくあることです。

しかし、どこかのタイミングでは必ずやらなければいけないので、誰かがそのツケを支払わなければなりません。

一見、リフォームしたばかりのきれいな物件に見えても、建物の躯体がどのような状況であるかは、プロであってもすぐにはわかりません。

小規模の修繕に至っては、築15年を超えた頃から「必ず」発生するものであり、これらの**潜在的な修繕費は、中古物件の最大のリスク**となっています。

それに対して、新築物件ですと、少なくとも10年程度はほとんど小規模修繕すら起こりません。

また、ごく少数派ではありますが、あえて大規模修繕を行わないという投資家も見受けられます。

中がボロボロの物件であっても、表層的な修繕で見た目だけを整えて貸し出しているのです。

私は、利回り重視で安全性に欠けるような建物を賃貸したり売却したりするのは、少なからず問題があると思います。

そもそも不動産投資家は、賃貸経営者です。

住居を提供する事業ですから、入居者の安全も守らなくてはなりません。

新築であれば、新耐震基準も満たしていますし、貸主は最初から自信を持って、安全で快適な賃貸住宅を提供することができ、売却する際も住宅性能で品質を証明されたものを売却できます。

また、内装設備やバスルームやキッチンなどの水回りなども保証のついた新品を使用しており、もし故障や設備トラブルが起こった場合にもすぐに対応してもらえるので、中古物件よりも大きなアドバンテージがあるのです。

第4章

土地探しは東京圏・駅近に限定する

1　東京圏に一極集中する人口動向と増える単身者世帯数

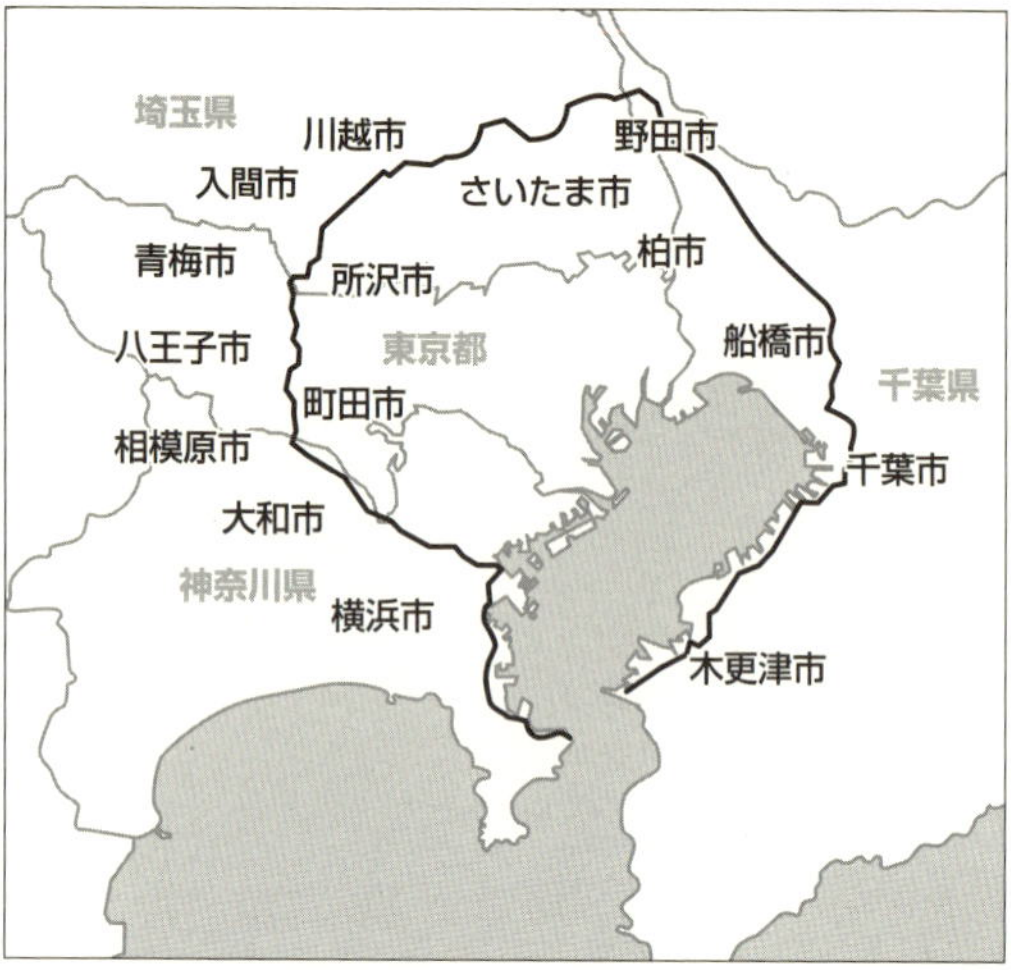

・新築物件を建てるならどこ？　儲かるエリアを見極める

当社が提唱している、土地探しから始める「新築一棟投資法」は、あくまでも東京圏好立地に物件を絞っています。

当社の「**東京圏**」**の定義は都内からアクセスの良い通勤圏となる、国道16号線以内**です。そして好立地とは基本的には、駅から徒歩15分以内を指します。

なぜ、東京圏限定なのでしょうか。

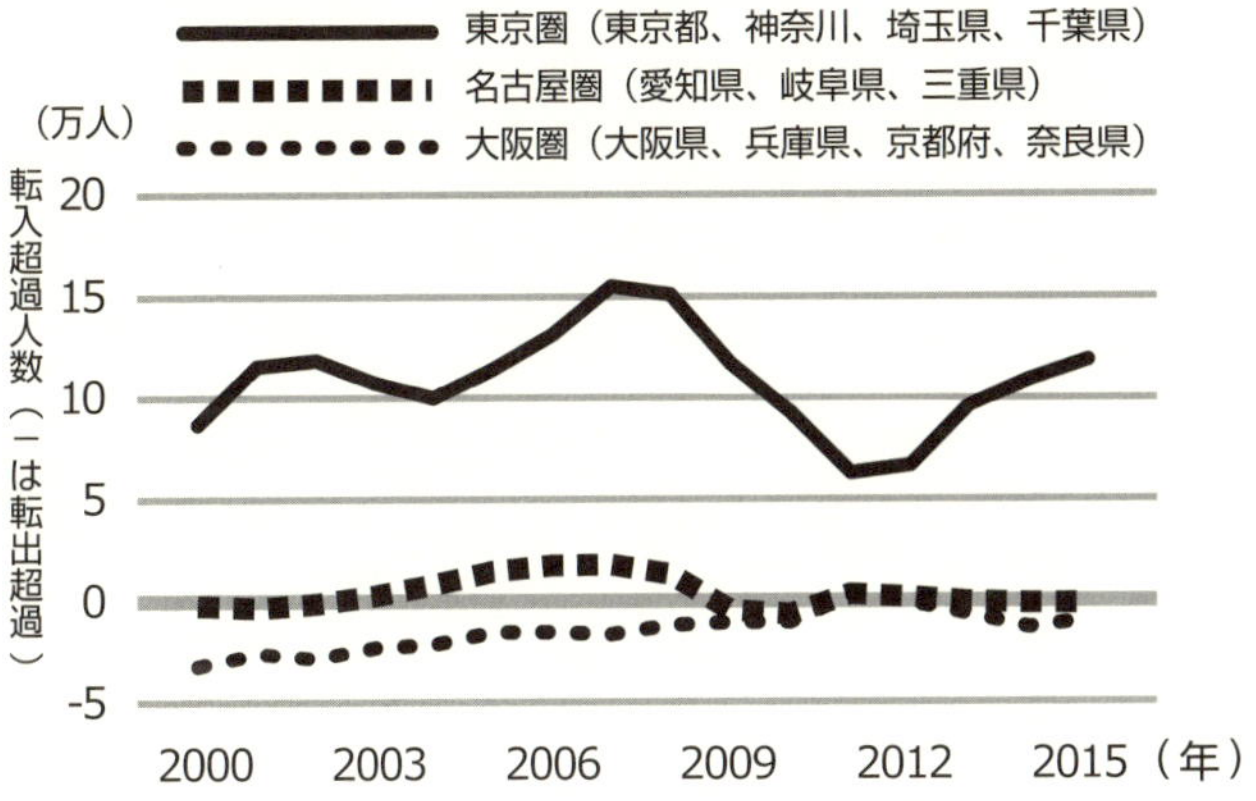

総務省 統計局「3大都市圏の転入・転出超過数の推移（日本人移動者）」より

読者の皆さんもご承知のとおり、今後の日本は少子高齢化、人口は減少傾向にあります。

ところが、東京圏とそのほかの地方という目でとらえると、地方の人口流出、**東京および東京圏への人口流入、一極集中が年々加速**し、止めることは難しいのです。

2016年の総務省統計局のデータによれば、図表のように、大阪圏、名古屋圏が転出超過に陥った一方、東京、埼玉、神奈川、千葉の東京圏では、転入者が転出者を大きく上回っています。また、1万7868人が転入しており、21年連続の転入超過となりました。

さらに、流入してくるのは大半が東京に仕事を求めてやってくる単身者となります。

彼らがどこに住むかといえば、都内にアクセスの良い駅のすぐ近くということになります。

したがって、東京圏のなかでも、都内にアクセスの良い沿線の駅から徒歩15分以内が狙い目です。

駅から近く単身者需要の高い立地は、長期にわたって資産価値と賃貸需要がさらに高まる可能性が高く、長期的なビジネスである不動産投資を行ううえでリスクが低いと考えられます。

したがって、東京圏駅近くの物件であれば、入居者募集に苦労することは当面考えづらく、長期的に高い入居率と資産価値を維持することが可能なのです。

そして、返済完了後には、大きな資産が残ることになります。

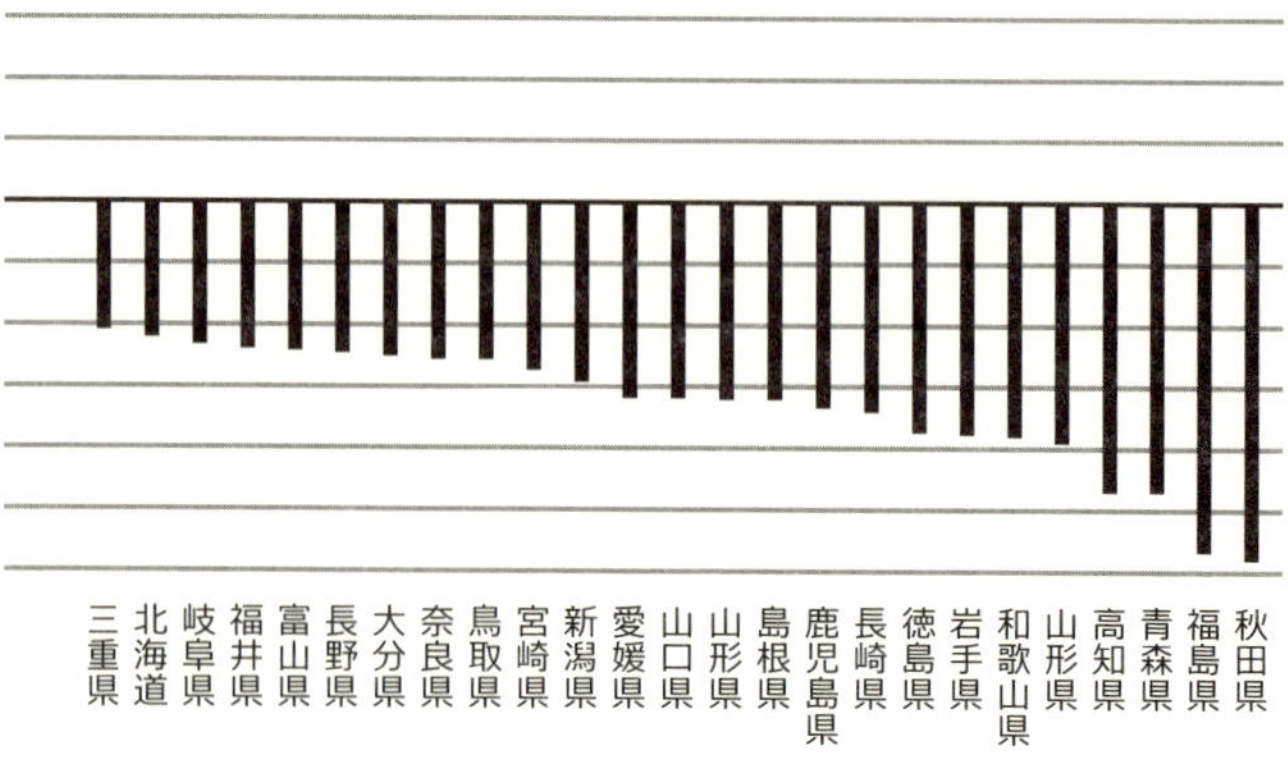

・東京・東京圏以外はほとんど地価も不動産も下落

では、アベノミクスやオリンピックの景況で日本全土の不動産が上昇のトレンドにあるのかといえば、残念ながらそうではありません。

3大都市圏と沖縄を除く、地方各県・各都市の商業地の地価は、多少の上下はあっても値下げ傾向にあります。

下の図表は、平成27年の国勢調査に基づいて都道府県別の人口増減率を示したものです。

地方の人口減少傾向は、その後も変わっていません。

したがって長期的には地価が今よりも浮上する可能性というのは極めて少ないと予想せざるを得ません。

図表を見ると、人口が増加しているのは、東京、埼玉、

平成22年から27年までの都道府県別人口増加率

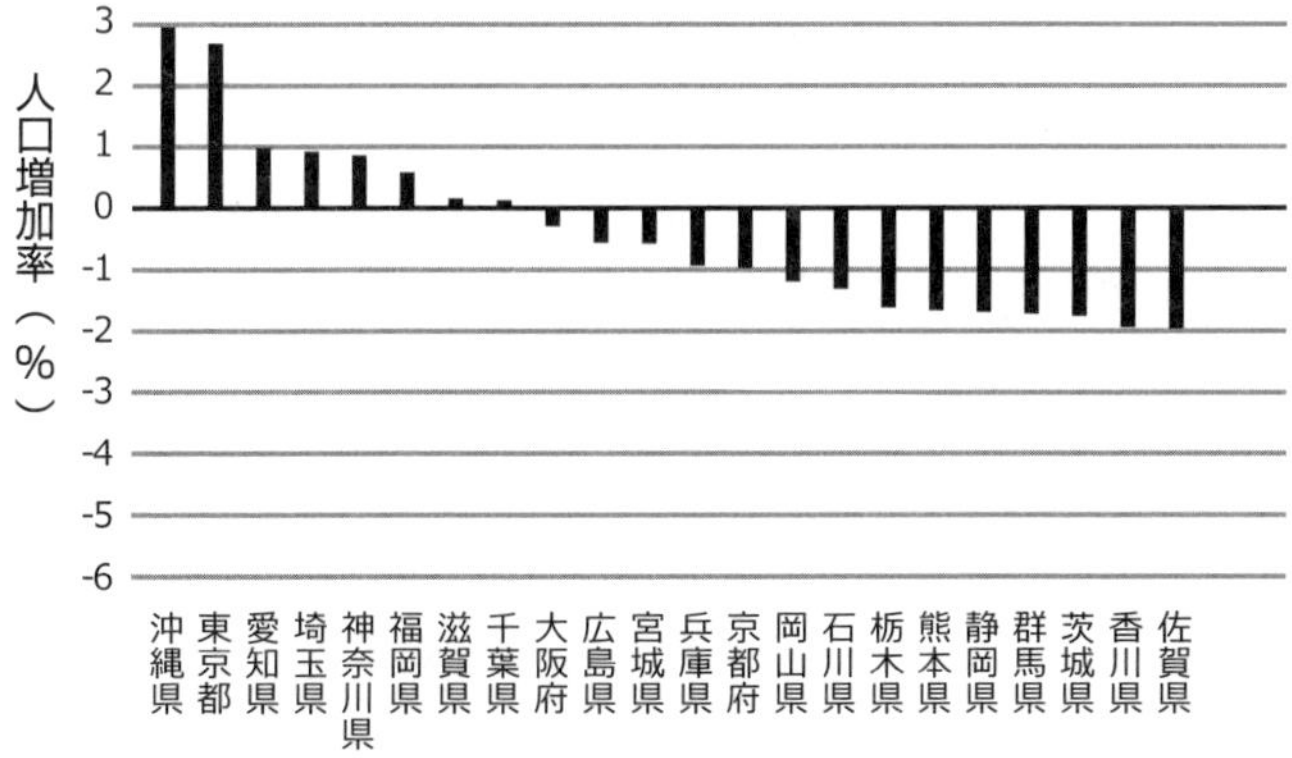

総務省 統計局「都道府県別人口増加率」より

神奈川、千葉の東京圏と、沖縄、愛知、福岡、滋賀のみ。

そのほかの地域では、もはや人口は増加することはほぼない、というのが、おおかたの見方ということになります。


3大都市圏の大阪をはじめとした関西エリアでも、近年は人口減少がみられています。

これは少し意外な感じを受けますが、その理由は、関西圏の周りの地方からの流入が少なくなったからだとされています。

かつては九州や四国エリアからの流入が多かったのですが、1990年代後半を境に、そうした流入は減少して、四国、九州などから一気に東京圏へ向かって流入が増えたようです。

大手企業の本社が東京に移転するなど、東京一極集中が進んでいくなかで、関西エリアは、かつてのような流入を見込めなくなっているのでしょう。

こうした現実をふまえると、関西エリアの不動産価格・地価の下落傾向は止まらないとも見られています。

第5章

圧倒的に有利な融資条件！「低金利」「借入期間30年～35年」「少ない頭金」

1　好条件の融資を受けるための重要ポイント

土地探しから始める「新築一棟投資法」の一番の肝は、**圧倒的に有利な融資条件**です。

低金利、期間30年～35年の好条件で融資が受けられるため、少ない自己資金で中古に負けない高いキャッシュフローを安定して生み出すことが可能になります（融資条件はお客様のお住まい場所や属性によって条件が変わりますのでご注意ください）。

・低リスクの投資には低金利で融資！　金融機関の考え方

金融機関が融資をするかどうかを判断する時、または、どのような条件（金利、期間など）で融資するのかを決める時、その判断材料は一点、

「**融資したお金を回収できなくなるリスクがどのくらいあるか**」

になります。

融資をしてもほぼ１００％返済できると判断すれば金利は非常に低くなりますし、リスクがあると判断すれば融資自体を断るか、金利を高く設定します。

多少リスクがあっても、金利さえ高く貸し出せば数十件に1件くらい返済不能となっても、全体としては利益が出るという考え方です。

また、金融機関は左記の条件で投資家の返済能力を確認します。

① 不動産経営自体がうまくいき、事業収益から無理なく返済できるか

実質利回りや修繕リスクなどを加味した収益性、事業性の高さを確認します。

② 万が一、事業がうまくいかなくなっても給与所得や保有資産の中から返済できるか

給与所得、勤続年数、勤め先、保有金融資産などを確認します。

③ ①②のどちらからも回収できない場合、担保を売却して返済できるか

通常は、購入物件を担保として取得するため、購入物件の担保価値を確認します。

もし①〜③の安全性を銀行にしっかりと認めていただければ、非常に良い条件で融資してもらえることになりますが、それは簡単なことではありません。

重要なことは再現性をもって、実績としてそれを証明することです。

私はよくセミナーなどでも、

「場当たり的に『物件』で投資をすると失敗する。**確実に勝てる実績のある『手法』を身につけて勝負すべき**」

というお話をします。

個人で物件検索をして、高利回り物件を見つけ首尾よく入手できたとしても、物件の種類によってリスクや運営ノウハウは異なり、**すべて熟知することは困難**です。

木造では起きなかったことがＲＣでは起きる。

新築では起きないことが築古では起きる。

共同住宅で起きないことがシェアハウスでは起きる。


いろいろな投資手法を混ぜると、それぞれの物件種別に潜むさまざまなリスクを1人の投資家が熟知し、チェックすることは事実上難しく、**チェック漏れが生じて事故が起きます。**

後になって、

「買わなきゃよかった！」

と言っても、取り返しがつきません。

もし成功してもそれは偶然によるところが大きく、再現性に乏しいのです。


特に中古物件であれば、建物や設備に今後大規模な修繕が必要になる可能性がありますので、初心者大家さんでは長期にわたって安定した賃貸経営ができるかどうかもわかりません。

つまり、銀行にとっては「物件」主体の不動産投資は不確定要素だらけで非常にハイリスクであり、そのリスクの担保として個人の高属性を求めるか、頭金を多めに入れてもらうか、リスクに応じて金利や条件を厳しくするしかありません。

当社では、低金利、借入期間30年～35年という好条件を、再現性をもって引き出すことに成功しています。

これほどの融資条件を引き出せたカギは、銀行と当社との「信頼関係」です。

今まで多くの成功実績を積み重ねてきたことで、「**当社の紹介する東京圏・好立地の新築物件であれば、極めて返済不能リスクが低い**」と銀行から信頼していただくことができました。

この実績に裏打ちされた信頼があるからこそ、当社のお客様＝リスクが低い融資先だと判断され、好条件で銀行が融資してくれるようになったのです。

では、どのような理由で返済リスクが低いとご判断いただけているのか、次にご説明致します。

・銀行目線で言えば、まずは10年間、事業計画通りに進めば確実に返済可能！

金融機関にとって最大のリスクは、投資家が破産（デフォルト）して、融資したお金が回収できなくなることです。

このリスクが小さいことさえ証明できれば、金融機関は良い条件で融資をしてくれます。

そして、それを証明するためには、確実な収益性と出口戦略が必要となります。これらを兼ね備えて考えられているのが「新築一棟投資法」の素晴らしいところです。

好立地の物件であれば、購入した物件の価値下落速度より残債が減る速度のほうが断然早いので、まずは10年間順調に返済が進めば、10年後には残債の額が物件価値を十分下回ります。

銀行目線で見れば、最悪でも10年間順調に事業が進めば、それ以降は担保である購入物件を売却することで確実に回収できます。

【当社の手がける物件の特徴】

① 平均稼働率97～98％と高い稼働率を維持（市場調査をもとにした入居者に人気の建物仕様）

② 人口流入を続ける東京圏の立地に限定

③　10年間は建物の大規模修繕のリスクがなく、品確法で守られる新築物件（設備も新しいので故障が少ない。中古にくらべて10年は修繕費の出費がほとんどなく、実質利回りが高い）

④　建物を劣化対策等級３（３世代、おおむね75〜90年の建物品質）に準拠することで、10年後以降の建物価値を維持

これらの条件が揃っていれば、①〜③で10年間予定通りの安定経営と順調な返済が可能であることを証明でき、②④によって10年後以降、残債の金額を大きく上回る金額で、予定通りの売却が可能な出口戦略が証明できます。

さらに**住宅性能評価である劣化対策等級３に準拠**しており、正式に適合証明書を取得することで10年後以降の建物の価値を証明でき、**借入期間も30年に延ばすことができます**。

そして当社の物件では、10年間は建物の保証があるので、当初10年で破たんする確率は非常に小さいと考えられます。

また、少なくとも10年経てば返済が進み、残債が物件価格を大きく下回ります。

結論、融資したお金を回収できなくなるリスクはほとんどないのです。

例えて言えば、当社の土地探しから始める「新築一棟投資法」の物件は、品質の保証されたパッケージ商品のようなものです。

同じ「投資法」で企画された物件の過去の実績データを見れば、個々の物件の立地や建物が違っても、どれも返済するに十分な不動産事業として成り立っていることがわかります。

再現性が高いので、確率的にデフォルトする可能性は極めて低いと判断できます。

つまり、この「投資法」に対して信頼性の高さで、圧倒的に有利な融資条件を引き出しているのです。

2　買う時も売る時も、住宅性能評価で融資期間が延びる！

・75〜90年は大規模修繕が不要に？　劣化対策等級3とは

前述したとおり、新築の物件は「品確法」により10年間は保険で守られていますが、当社の標準仕様では、**最高ランクの劣化対策等級3、60分準耐火構造**（通常は45分）という一般のアパートより優れた耐久性能で提供しています。

そのため、外観もＲＣ造のように建てることもでき、ひと目では鉄骨、木造とは分からない建物となっています。

劣化対策等級とは住宅性能表示の1つで、この最上ランクの3級（おおむね75〜90年、大規模修繕を必要とするまでの期間を伸長するために必要な対策が講じられている）に準拠することで**75〜90年は大規模修繕が不要**になる性能だといわれています。

さらに100万円程度の費用をかければ、正式に審査機関の検査を受け、適合証明書を取得することもできます。

これにより建物の耐久性が証明され、木造であっても銀行からの融資借入期間を30年に延ばすことができるのです。

この適合証明書を取得しておくことで、次に売却する際にも、長期にわたって大規模修繕が不要な耐久性を証明することができるため、有利な条件で売却が可能になります。

また、次に購入する投資家も安心ですし、一部の金融機関からは築10年でも、30年の融資を受けることができます。

結論として、建築費は一般のアパートより多少高くなっても、明確な出口戦略が描けて、長期保有するにも安心な劣化対策等級3に準拠した物件は、投資物件として非常に価値の高いものだと考えられます。

第6章

法人設立でキャッシュフローが大幅にUP！

1　不動産投資は税金との戦い！

・税金の落とし穴

サラリーマン大家さんの多くは、個人で融資を受けて物件を購入しています。

つまり、**サラリーマンとしての年収を担保に融資を受け**、「個人事業主」として事業を運営しているわけです。

個人事業主になるには、税務署に個人事業主の届けを出すだけで済みますので、とりたてて登記の費用や手続きもありません。

また所得税だけでなく、収入が増えれば連動して上がる税関連支出にも留意すべきです。

地方税や国民健康保険料金、お子様のいる家庭では認可保育園の保育料なども収入と連動して増えます。

また、高所得者となると教育関連の各種助成や補助金、奨学金などが受けられなかったり、減額されたりします。

不動産投資セミナーや指南本の多くは「不動産投資でいかに多くの家賃収入を得るか」ということに焦点を絞っていますので、勉強熱心な大家さんでも、取得前に税金のことまで考えている人は意外と少ないのです。

そのため、物件を取得してからはじめて税金負担の増加に驚き、

「こんなはずではなかった！」

と悔やむ大家さんが多いのです。

不動産投資は、税金との戦いでもある、といわれます。

不動産投資では、**会計上の利益にはあまり意味がありません**。会計上いくら利益が出たとしても、納税するとお金が残らないどころかキャッシュフローがマイナスになる場合さえあります。

どれだけ節税し、**キャッシュフローを残していくかが非常に重要**なポイントなのです。

2　法人で購入するメリット

・メリットが多い法人での購入

先に結論から言いますと、当社では、**まず法人を設立し、その法人で物件を取得する**ことをおすすめしています。

そのことにより、税金面での優遇を受けて、合法的に所得税などの納税額を最小限に抑える「節税」が可能になるからです。

法人を設立して物件を購入すれば、新築する建物の消費税8％（将来的には10％）の還付を受けることもできるため、竣工後の初年度から大きな

キャッシュを得て、さらに利回りを高めることができます。

また、法人を設立することでほかにもさまざまな節税対策が可能で、個人で物件を保有するよりも多くのキャッシュを残すことができます。

不動産投資やアパート経営によって家賃収入を得ている場合、ほかの所得と合わせて課税所得が2000万円程度を超えると、節税のためにも資産管理の会社（法人）の設立を検討することが望ましいといわれていますが、2000万円を超えない場合でも、さまざまな節税が可能になるため、法人設立したほうが圧倒的に有利です。

具体的には、**所得税（法人税）軽減、消費税還付、経費計上、所得分散、給与所得控除の5つ**において、節税が可能です。これらの節税によって、飛躍的にキャッシュフローを増大させることができます。

・所得税（法人税）軽減

まず、個人に対する所得税は、所得金額が大きくなるほど税率が高くなる「超過累進税率」が適用されます。

また、現在では、給与所得控除や社会保険料控除などを差し引いた課税所得が1800万円を超えると、超過部分に最高税率の40％が適用されます。

個人住民税の10％を合わせると50％です。これに事業税を加えると、**課税所得の半分以上が税金で消えてしまう**ことになります。

さらに、課税所得4000万円を超えると、超過部分の税率が45％になります。住民税や事業税を合計すると6割近くが税金になります。

その一方で法人税は減税の方向で、2012年からは基本税率が30％から25・5％に、2016年には23・4％に引き下げられました。法人税減税は、政府の成長戦略の1つにも盛り込まれており、さらにもう一段の減税も用意されているようです。

このように「個人は増税、法人は減税」という動きが進んでいることから、従来にも増して、法人化の動きに拍車がかかっているといえます。

法人設立の節税効果

	個人	法人
物件購入の消費税	8% （将来的には10%）	**購入金額の8%が還付**
所得税	23%～45% （695万円超～4,000万円越）	**年間利益** **400万円以下…21.42%** **400万円～800万円…23.2%** **800万円超…33.8%**
住民税	10%	
事業税	利益が290万円を超えると 5%	
経費計上	認められない場合も	個人より**必要経費が広範囲**

財務省 国税庁「No.5759 法人税の税率」及び、財務省 国税庁「No.2260 所得税の税率」より

個人・法人の税率推移

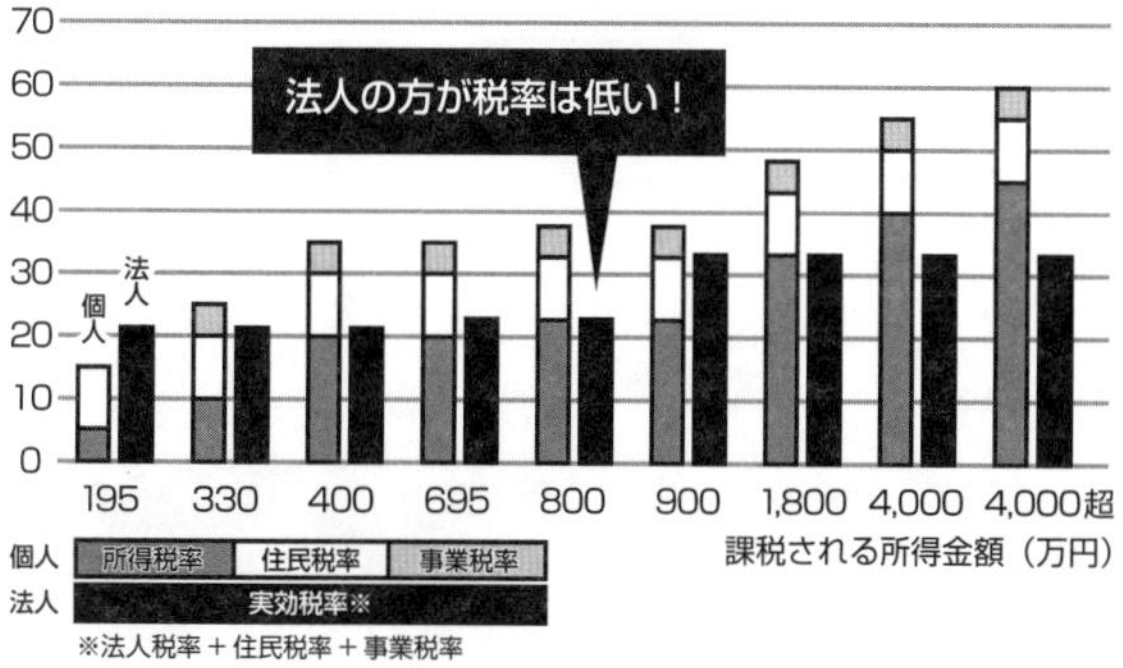

財務省 国税庁「No.5759 法人税の税率」及び、財務省 国税庁「No.2260 所得税の税率」より

・建物の消費税還付

また、不動産という高額な買い物においては、建物にかかる消費税も高額になります。

法人で物件を取得した場合、一定の要件を満たすことで、**消費税還付を受けることができます**。

建物価格を５０００万円（税抜）とすると、家賃収益に加えて竣工後の初年度に４００万円ものキャッシュが還付されますので、初年度から大きなキャッシュを得ることができます（この消費税還付には細かい規定があり、税法の改正なども随時行われていますので、ご注意ください）。

・経費計上による節税

法人化のメリットはこうした「税金対策」以外にも数多くあります。

個人よりも、法人のほうが必要経費の範囲が広い、というのもメリットの１つです。

不動産の所得というのは、左の計算式で求められます。

・不動産所得 ＝ 不動産収入 － 損金

つまり不動産所得とは、家賃などの不動産収入から、法人税法上の必要経費などの損金を差し引いたものです。

ここで「損金」と認められるのが、法人の場合は法人が行った行為であるのに対して、個人事業の場合は、個人用の経費なのか事業用に用いたのか不明瞭なため、必要経費と認められない場合がよくあります。

会社組織にすると、個人と会社が経理上も明確に区分されているため、個人事業では認められない経費も、認められることがあります。

・所得分散、給与所得控除

また、法人化のメリットとしては、**所得の分散効果**が得られるということがあります。

個人事業の場合は、原則として事業主であるあなたにお給料を支払うことはできませんが、法人で

所得分散の例

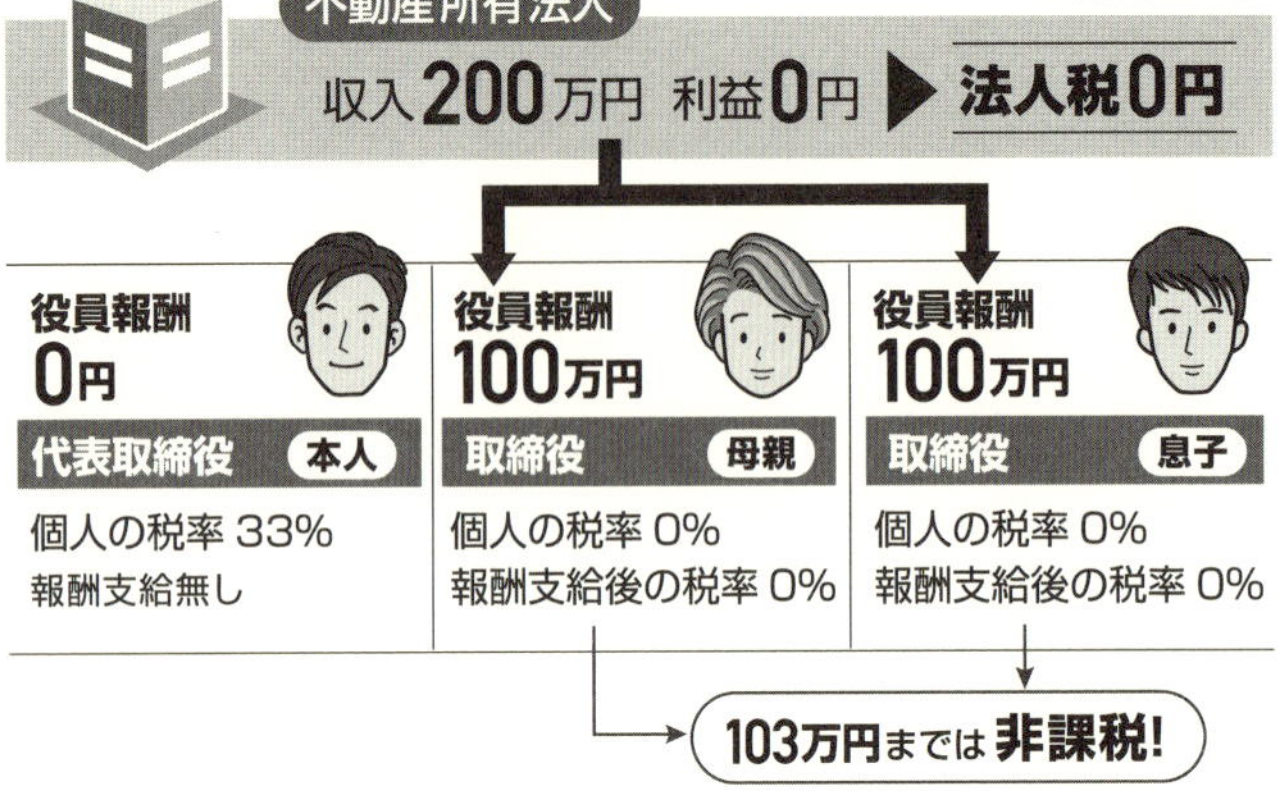

あれば、あなた自身に「役員報酬」として給与を支払うことができます。

さらに、法人化することで、オーナーだけが所得を得るのではなく、配偶者や子などの親族を法人の役員にして、報酬を分散させて支払う形にすることによって、**所得分散効果**が得られるのです。

たとえば図に示したように、不動産所有法人の収入が２００万円として、その収入から母親と息子に１００万円ずつ支払ったとすると、会社としての所得は０円ですので、当然法人税も０ということになります。

また、母親と息子にほかの収入がなければ、収入が１０３万円までは非課税となり、所得税も０円ということになります。

結果として、不動産収益には税金がまったくかからないことになります。

また、一度法人に収入を入れ、そこから給与として支払えば「給与所得控除」を差し引けるため、その分節税できることになります。

・そのほか、会計処理上のメリット

・繰越欠損金（赤字）について

法人は、損失が発生した場合に、その損失を繰越できる期間が長いのです。

個人の場合は3年間しか繰り越せないところ、法人の場合は**マイナスを9年間も繰り越す**ことができます。

・減価償却費の扱い

個人の場合、決められた計算式によって計算した年間の減価償却費は、全額を経費にしなければいけません（強制償却）。

一方、法人は任意償却といって、決められた計算式によって計算した年間の減価償却費の範囲内で、経費にする金額を自由に決めることができます。

そのため、利益を減価償却で調整することが可能です。

・保険料の扱い

個人はいくら高い保険料を払っていても、生命保険料控除の上限金額しか所得から控除できません。

しかし法人は、要件に当てはまれば保険料の一部～全額を控除することができるので、保険を使った節税も可能です。

・退職金を積み立てながらの節税

もう一点、法人化することのメリットとして、中小企業向けの共済制度、「経営セーフティ共済」や「小規模企業共済」に加入できるということがあります。

共済金として積み立てた金額は、**全額経費として計上できます**。

毎月積み立てた共済金は、退職金として受け取ることができます。支払った退職金は全額会社の「損金」となります。

受け取った退職金は、役員報酬などの所得と違い、「**退職所得控除**」という金額の大きな所得控除を差し引くことができるので、所得税の税負担を軽減することができます。

また、一定条件を満たせば共済契約者が払い込んだ掛金の範囲内で事業資金などの貸付けを受けることもできるので、資金繰りの時に役立つ可能性があります。

このように小規模企業にとっては大変使いやすい共済ですが、個人事業主でも会社員は加入できません。事業主が会社員の場合は、役員である配偶者などの家族が加入する必要があります。

・対外的信用力のＵＰ

そのほか、一般的な法人化のメリットは、対外的信用力が個人とは違ってくること、会社は商号、住所、目的代表者、資本金、役員などが登記されますので、一般的に個人事業主よりも信用を得られるということがあり、資金調達などを行う場合にも、よりスムーズに進めることができるようになります。

今後、さらに資金を増やして新しい不動産投資を買い増しする場合や、事業拡大を目指す場合にも、法人化は重要になってくるとみていいでしょう。

以上が法人設立のメリットとなります。

個人でも不動産投資はもちろん可能ですが、７００万〜８００万円の給与がある会社員が新築アパート一棟に投資をして不動産所得を得ることになったら、たちまち、その合計所得は１０００万円を超えることになるでしょう。

つまり、特別な高額所得者ではなく、ごく一般的な会社員でも、**最初から法人化したうえで不動産投資をしたほうが有利**だということになります。

もちろん、法人設立のための資本金や登記手続きなどの初期費用、法人住民税などの支出などもあるわけですが、それを考慮しても節税効果のほうが十分大きいということになるはずです。

前述したとおり、建物にかかる消費税の還付を受けるだけで、竣工後の初年度から数百万円単位の節税を行うことができるからです。

3　法人で投資物件規模を拡大する

・法人で投資物件を増やすコツ

不動産投資を始めるにあたって、「1棟だけでいい」と考える人は少ないのではないでしょうか。できれば1棟目の成功から、法人の実績を積むことで、2棟目、3棟目と進めて、利益をより手厚いものにしたいものです。

そういう意味では1棟目の購入は、不動産投資のゴールでなくスタートです。一番有利な形でスタートを切り、今後へつなげていくことが重要です。

土地探しから始める「新築一棟投資法」の場合、法人での購入が借入に不利になるということは、ほとんどありません。むしろ買い増しをしていくにあたっては、非常に有利に働きます。

個人ではおそらく1棟くらいしか買えないような属性の方でも、法人を設立し、計画的に買い進めることで3棟、4棟と買い増しできる場合も多いのです。

ただし、**法人を設立したうえで、物件を購入させてくれる金融機関は限定されます**。

個人にしか融資しないという金融機関も多いのです。

これらの情報は金融機関の融資状況に詳しいコンサルタントや不動産業者に確認してもいいでしょう（当社のコンサルタントは金融機関の融資状況に精通しておりますので、ご面談のうえ、ご相談も可能です）。

金融機関が融資するにあたっては、審査時点の資産背景と収益状況がカギとなります。

法人を設立することにより、節税がうまくいけば収益状況もよくなり、キャッシュフローを増やすことで資産背景も良くなります。

収益状況が良く、沢山のキャッシュを持っていることは、**審査上、非常に有利**になるので買い増しの速度もあがります。

いくら目先の利回りが高くても、手元にキャッシュが残らないやり方では、長期間運営を続けていくことは困難になり、最悪の場合、破綻してしまうことにもなりかねません。

これまで説明してきましたように、私がおすすめしている東京圏で、土地探しから始める「新築一棟投資法」を実践すれば、10年後のキャピタル・ゲインを待つことなく、家賃収入というインカム・ゲインを利用して、2棟目の投資に踏み出すことが容易になります。

さらに法人化をはかっての節税ができれば、その税金分を投資原資に組み込むことができ、さらに効率的に事業を拡大することが可能になります。

第7章

高い稼働率を実現！人気物件になる建物の魅力

1　やたらと高い稼働率には騙されるな！業界の「高稼働率」のカラクリ

・稼働率はどうやって算出している？

当社の物件稼働率は、２０１７年3月時点で98％となっています（東京23区内に絞った場合で、東京圏全域に広げるともう少し下がります）。

年間を通してみると稼働率は97～98％の間で動いています。これはかなり優秀な数字で、ごくたまに入居者の入れ替わりがある、という程度です。

皆さんは管理会社のホームページなどで「平均稼働率99．○％！」（ほぼ１００％）などという数字を見たことがあるのではないでしょうか。これにくらべれば、それ以下の数字は少し見劣りしてしまいます。

しかし、その管理会社の募集一覧表を見ると実際はかなりの募集戸数があり、公表されている管理戸数で割ると数字が全然合わない、ということがあるのです。

そもそも稼働率は「入居数」÷「部屋数」×１００で求められますが、なぜ**会社によって数字が違う**のでしょうか。

それは、「空室」の考え方にありました。

皆さんの考える「空室」とは、「入居者がおらず、家賃が入ってこない部屋」のことだと思います。

しかし、管理会社によっては、退去してから一定期間は空室にカウントしなかったり、リフォームが入っている部屋を空室として見なさず、稼働率計算の数字から除外していたりするのです。

家賃を生み出さない部屋を空室として見ていないならば、どんな高い数字も出せます。

これが、「ほぼ１００％の稼働率」を算出するカラクリです。

これでは、いざ管理を任せてみたら当初の予定より低い稼働率で、家賃収入が思ったより少なかった、ということになりかねません。

「家賃が発生しているかどうか」で稼働率計算をすると、実際の数字が見えてくるはずです。

2 「入居者ウケ」する人気物件の特徴

・インベストオンライン社プロデュース物件の強み

当社の企画する物件の強みとしては、

・こだわりの立地条件
・デザイン
・入居者のニーズをもとにした設備仕様

と、3つの強みがあります。

また、高稼働率を保つ4大要素とされている

①場所
②間取り
③駅からの距離

④築年数

この要素を意識した物件なので、同エリアの家賃価格よりも高い家賃で決まることも珍しくありません。

都心までのアクセスが悪い駅や、駅までの距離が遠い物件をあえて選ばない限り、**最悪でも稼働率が90％を下回る可能性は限りなく低い**と考えられます。

つまり、物件を購入する際、最悪の場合の稼働率を90％と仮定してキャッシュフローがマイナスにならなければ、損をすることは考えにくい状況です。

やはり、不動産はどこに建てるかによって稼働率が左右されるので、これから新築を計画している皆さんには、沿線と立地を十分検討したうえでの判断をおすすめします。

・高利回り高稼働率を実現するハイクオリティアパートメントブランド

木造アパートのイメージといえば、昔から見かけるいかにも、という木造長屋で、安っぽく、かっこ悪い…というものです。

しかし、こうした一般的な木造アパートとは違い、**デザイン、耐久性、設備仕様など、他社とくらべても品質が高く、どう見ても木造には見えないというのが当社がご提案する建物の特徴**です。

外観だけでなく、法律に基づき、住宅の性能を評価し表示するための基準である住宅性能表示制度にも注目してみてください。

当社がご提案する建物ならば第三者機関から設計図や現場の検査を受けて、正式に住宅性能評価書を取得もできます。

木造アパートイメージ

GRANQUAL <グランクオール>イメージ

・60分の準耐火構造（通常の木造アパートは45分）
・75～90年の建物品質…劣化対策等級3（最高ランク）

という品質に準拠して建てられた物件は、防振・防音にも優れていますので、物件を建てられる際には、ぜひ実際に見ていただきたいと思っています。

不動産投資の成功は、どれだけ高稼働率を維持する物件にするか、にかかっています。

それには、多くの人が「ここに住みたい」と思う物件にすることが必要です。

前述したように、当社では多くの単身者がいる、都心へアクセスの良い通勤圏となる「東京圏」で、賃貸需要があり、駅から最長でも徒歩15分圏内の物件をご紹介しています。

この条件であれば、必ず住まい探しをしている人の物件検索に引っかかってきます。

さらにほかの賃貸物件と差別化し、競争力を持たせるためには「入居者ニーズ」を反映した設備や外観でなければなりません。

いまどき、バス・トイレ・洗面が一緒になった「3点ユニット」などは、よっぽど立地が良くなければ敬遠されるばかりです。

都心で暮らす単身者向けの賃貸住宅に特化してきた当社は、これまでのノウハウを集め、**高利回り、高稼働率を実現するハイクオリティアパートメントブランド「GRANQUAL」~グランクオール~を誕生**させました。

・シンプルで重厚感ある外観

物件を探す時、いかにも「造りの安いアパートです」という見た目では、ネット検索をした時に、

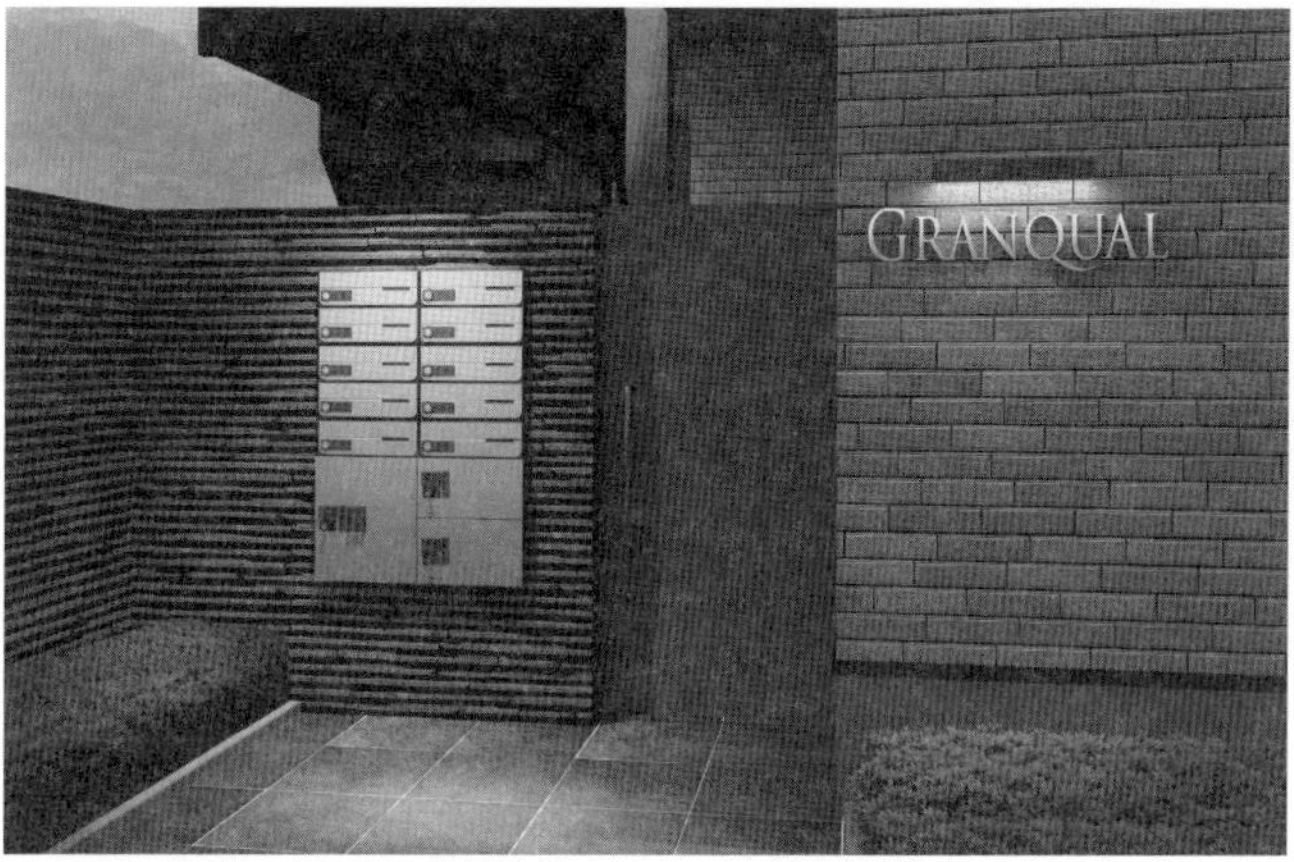

エントランス／モニターつきオートロック、宅配ボックス
外壁材／セルフクリーニング機能

外観写真を見ただけで候補から落とされてしまうことがあります。

当社では、RC造に遜色がないような外観で建てることができるため、写真で見ても、実際に内見に来ても好印象を持ってもらうことができます。

・女性目線で設計した空間・設備

競争力がある人気物件にするためには、とにかく女性に気に入ってもらえるかどうかがカギです。女性が敬遠する物件は、人気物件にはなりません。

当社のベーシックな間取りの物件には、２口コンロと大容量の収納がついたキッチン、独立洗面台、バスルームには浴室乾燥機と、充実の標準設備が揃っています。

独立洗面台

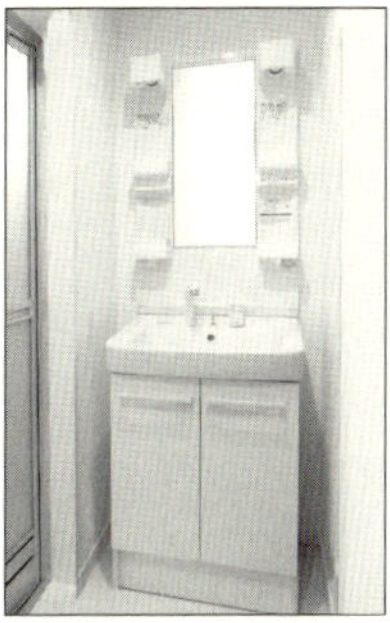

各種ケアグッズを多く収納可能な独立洗面台

キッチン

自炊をする人には嬉しい２口コンロと大容量収納

バスルーム

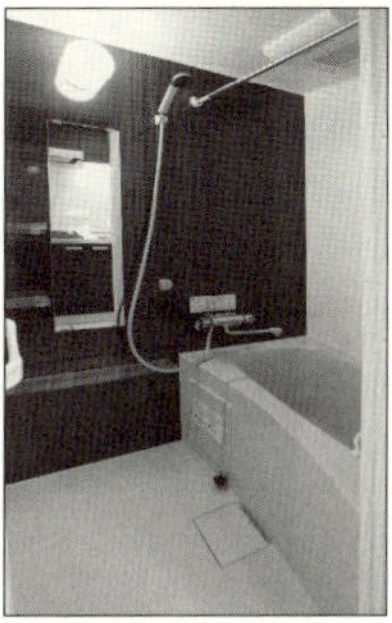

浴室乾燥機つきで外に干したくない洗濯物も安心

室内イメージ

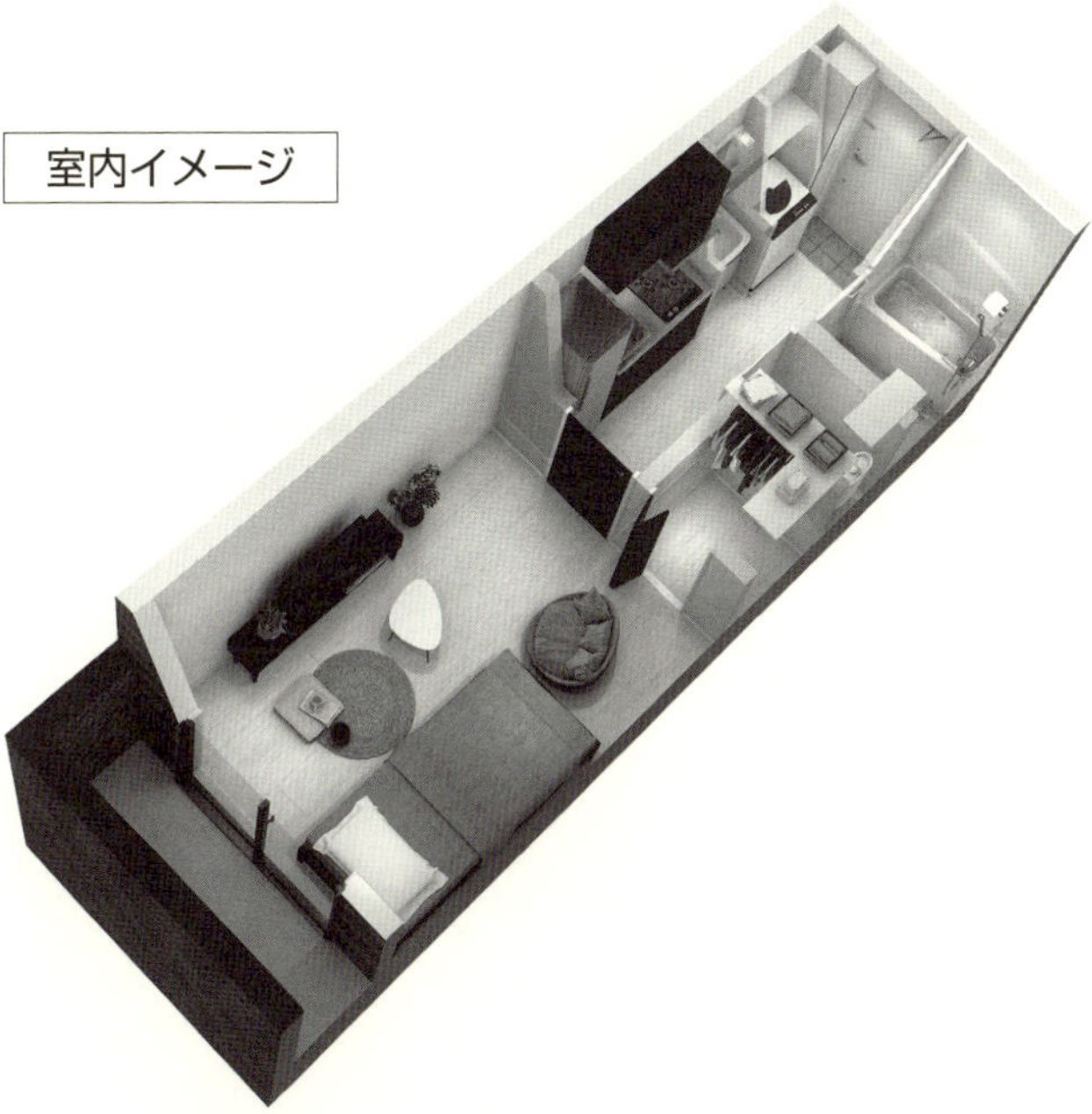

入り口には下足箱、洗濯機置き場は室内に設置。オートロックなのでエントランスに誰が来たのか一目でわかるモニターつきインターホンも

・上下階、隣室への防音・防振対策

入居者にできるだけ長く住んでもらうためにも、防音・防振対策は欠かせません。

生活音には、話し声やテレビの音など、空気を伝わって届く音（空気伝播音）、床を勢いよく歩くようなドン、ドン、という重い音（重量床衝撃音）、椅子を引いたり、食器のような軽い物を落とした時に生じる軽い音（軽量床衝撃音）などがあります。

このようなそれぞれ質の違う音を防ぐため、当社では音の種類によって対策を施しています。

また、夏は涼しく、冬は暖かく。冷暖房が効率よく使えるように、サッシには複層ガラスを使用しています。

上下階の防音・防振5段階システム

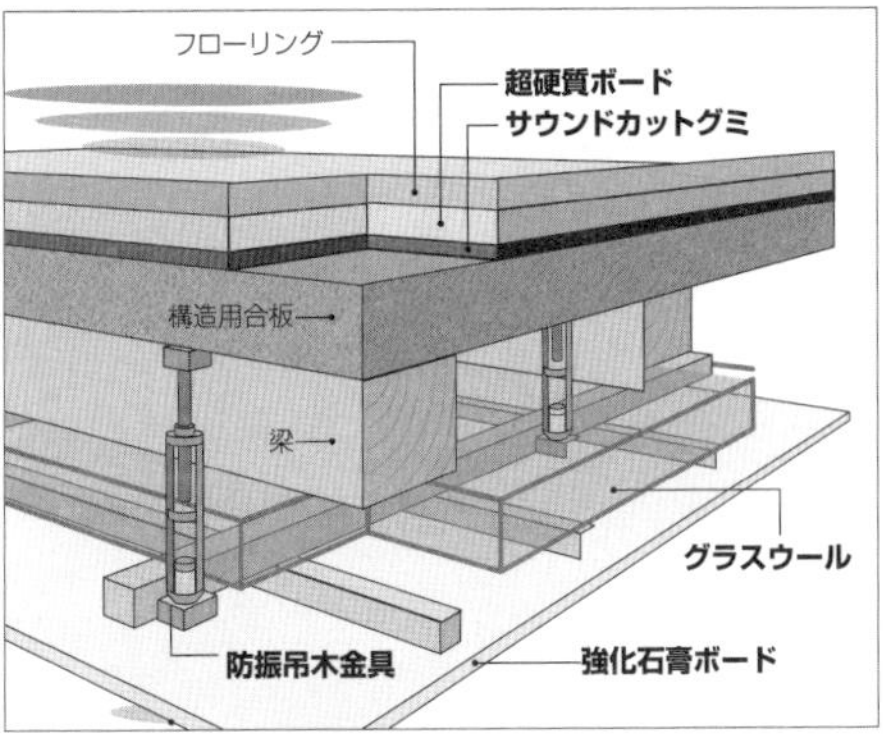

隣室への生活音を軽減する壁構造

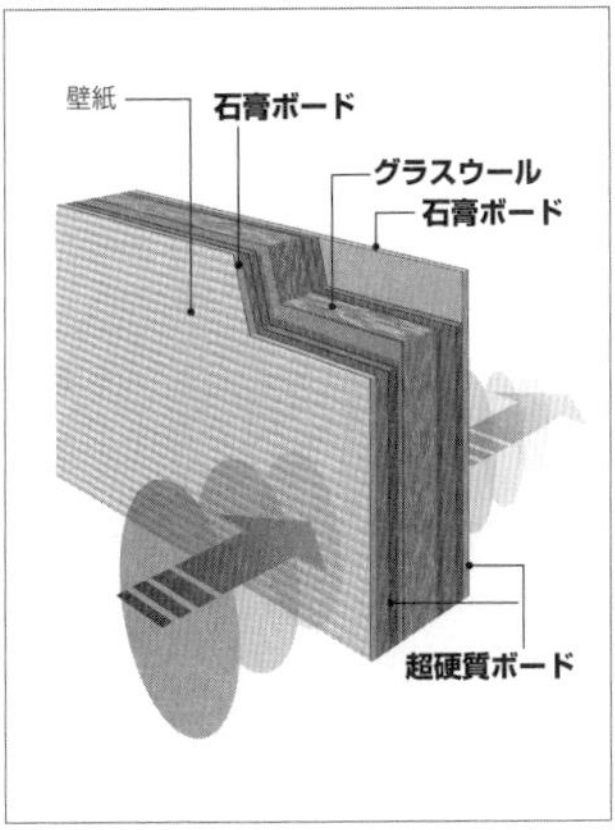

断熱・遮音性能の複層ガラスサッシ

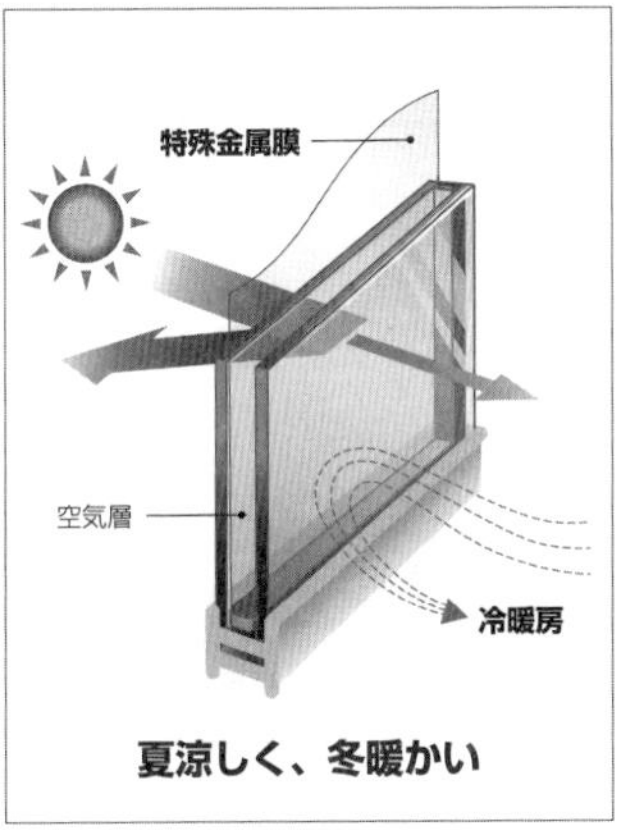

・最新のIoT設備を全戸標準装備として設置

「ＧＲＡＮＱＵＡＬ」～グランクオール～は、最新のＩｏＴ技術を搭載したアパートです。スマホやタブレットで、外出先でも室内でも、部屋をコントロールすることができます。水漏れなどのトラブルや、退去時の連絡など管理会社とのチャットのサポート、生活に便利なサービスやコンテンツなども配信ができ、専用のアプリをダウンロードすれば、スマートフォンからも操作が可能です。

具体的には、スマートフォンやＩＣカードで解錠ができ、窓の大きな振動や開閉を感知すれば、入居者のスマートフォンにお知らせが届きます。

また、家電のコントローラーを専用の機器に登録すれば、外出先でもエアコンをつけたり、部屋のライトを点灯させることができます。こうした防犯と利便性を兼ね備えた新しいサービスを導入することで、入居者に安心と快適な生活環境を提供できる競争力のある仕様となり、より安定的なアパート経営が実現します。

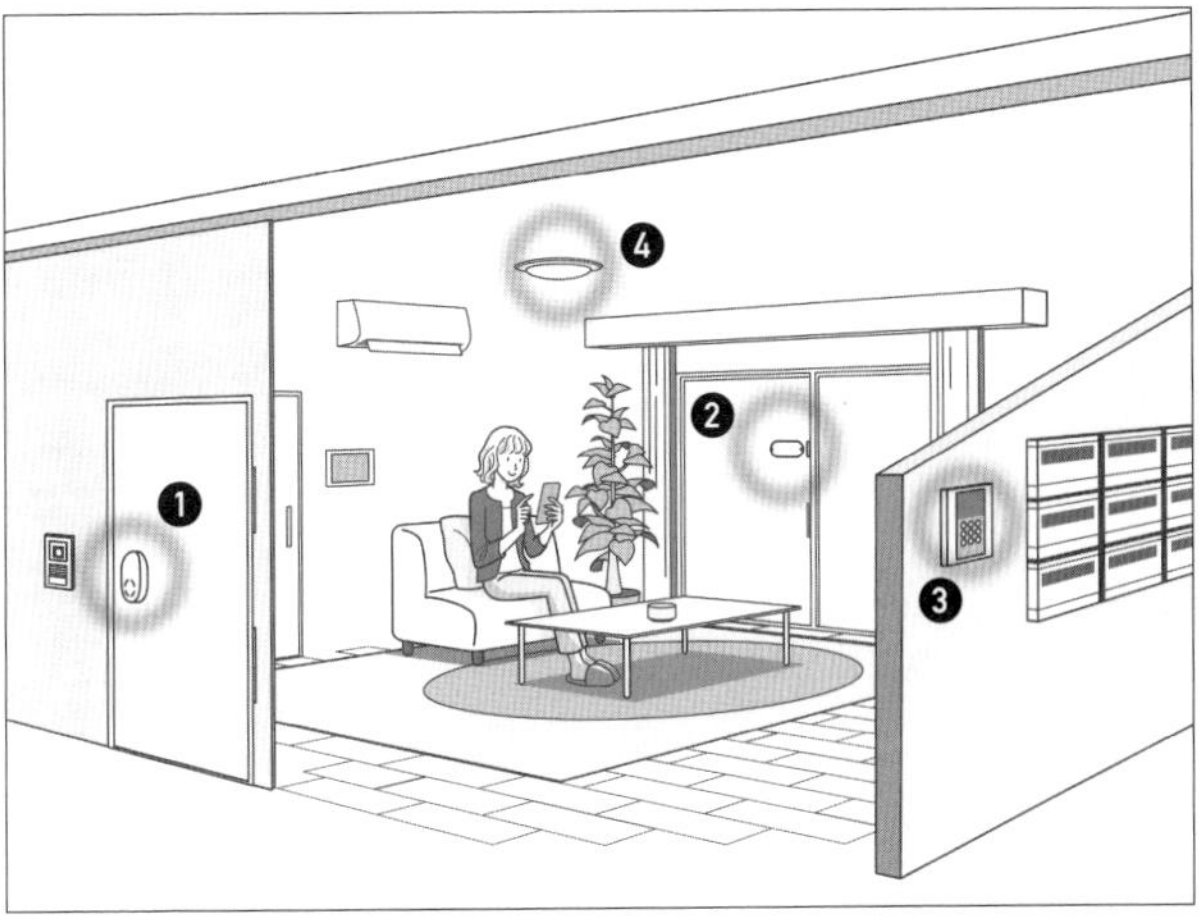

❶スマホなどでカンタン解錠

スマホ、IC カード、テンキーなど、さまざまな方法で簡単便利に解錠可能

❷窓の開閉を検知、お知らせ

窓の開閉や強い揺れを感知し、外出中でもアプリにお知らせ

❸外出先でもインターホン対応

家をあけていても、インターホンが鳴ったらスマホから応答可能（現在開発中）

❹家電を外からでもON/OFF

ライトの明るさと色を調整したり、外出先からもエアコンなどのON ／ OFFが 可能

コラム

土地探しから始める「新築一棟投資法」のメリット・デメリット

●メリット

・コストダウンにより高い利回りを実現

建売業者が新築の建売物件を提供しているケースがありますが、その場合、一度業者が土地を買い取り、そこに利益を乗せて売りに出すため、非常に利回りが低くなってしまいます。その点、建築会社と直接ご契約いただくことで、当社の利益を上乗せしない金額で物件をご購入いただくことができるため、高い利回りで物件をご提供することができます。

・独自の土地情報網と立地や土地の形状に沿った最適なプラン作成

東京圏の地場の不動産業者から非公開情報も含め、良い土地情報が集まるよう長年に渡って日々泥臭く営業を行い、他社にはまねできないようなパイプの構築を行ってきました。

また、プランや建物企画についても強みがあります。複数の一級建築士が在籍している当社の設計チームでは、土地情報に対してすぐに利益を最大化できるプランを入れるため、かなりのスピード感をもって物件をお客様へご提案することができます。

また地域ごとに建築規制が大きく変わってきますので、立地ごとに臨機応変に対応できる経験と実績を蓄積しています。

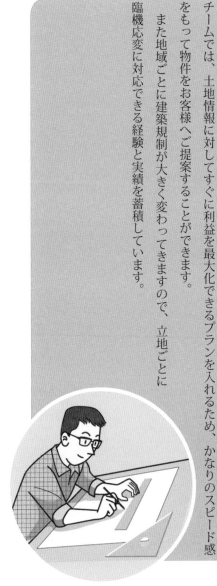

■デメリット

・土地探しには膨大な時間と知識が必要

土地探しから始める場合、詳しい建築知識がなければ、どのような建物が建てられるのか判断が難しいので、一般の投資家や不動産業者が扱うのは困難です。

豊富な経験がないまま手を出すと、土地は購入したものの、予定していた建物が建たないという大きな事故が発生することがありますのでご注意ください。

当社では、専門の設計チームがありますので、そのような事故を起こさず、利益を最大化するプランをご提案することができます。

・建築会社の倒産リスク

今までに数々の不動産投資のお手伝いをしてきたなかで、他社で「土地を買ったが建物が建たない」、「建築会社が倒産し、借金だけが残った」などの大きな事故を実際に経験された方がいらっしゃいました。そのようなご心配をゼロにするため、当社では責任を持って建物を完成させる、「建物完成保証」サービスをすべての建物につけています。

・建築（着工～竣工まで）に4か月～6か月の時間を要する

中古の場合は購入してからすぐに収益を生み出しますが、新築の場合は建築に時間を要するため、その間は収益を得られません。

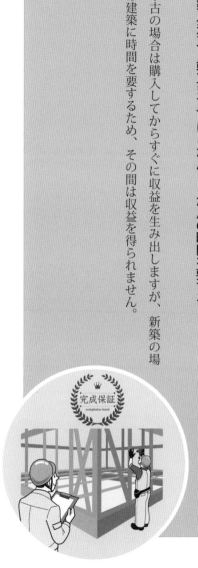

第8章

土地探しから始める「新築一棟投資法」お客様の声

まず最初に、当社での建物竣工までの流れと、それに関わる専門のチームをご紹介します。

①土地情報……未公開を多く含む土地情報を収集する「用地仕入れチーム」
②土地ごとの建物プラン入れ……一級建築士が率いる「設計チーム」
③物件パッケージ（土地と建物プラン、収支シミュレーション、融資戦略）のご提案……お客様の窓口「コンサルタントチーム」
④土地契約&建築請負契約……契約を滞りなく進める「契約担当チーム」
⑤土地決済
⑥建物プラン打ち合わせ、確認申請手続き……建物引き渡しまでお客様をサポートする「業務チーム」
⑦建築確認、建物着工
⑧建物竣工、建物引き渡し

当社では、お客様と一番最初にお会いして物件のご紹介をするコンサルタントとは別に、建物打ち合わせから**建物引き渡しまでをサポートする専任担当者**がつきます。

また、それ以外にもそれぞれ専門のチームが「新築一棟投資法」を支える重要な役割を担っているため、おかげさまでこれまで多くのお客様からご好評をいただくことができました。

ここでは、実際に当社のサポートで新築一棟投資を行っていただいたお客様の声をご紹介します（お客様を対象とした実際のアンケート結果を、お客様の許可を得て記載させていただいています）。

●会計事務所勤務　M様

・「新築一棟投資法」を知ったきっかけは何でしたか？

まず、「建売の新築アパート」を1棟買って、不動産投資に参戦しました。

1年が経ち、次の物件を物色したのですが、市場の過熱感からか、なかなか自分の基準を満たす物件にめぐりあえなかったのです。そんな時、インターネットで「新築一棟投資セミナー」の案内を見つけました。

・中古物件でなく、「新築一棟投資」に踏み切った決め手はどこですか？

1棟目の建売物件を買った経験から、「客付けや修繕の手間がかからない」といった新築の優位性を認識しましたね。

また、市場が加熱するなかで一定の利回りを確保しようとしたら、建売を購入するのではなく、自分で土地取得から設計・建築に関わる必要性を感じた、というのも決め手の1つになりました。

・「新築一棟投資法」で良かったと思ったところはどこですか？

1つ目は、中古よりも長期間の融資を受けられる点。

2つ目は、品確法やメーカー保証により、建物の躯体や備品・設備についての欠陥リスクが低減される点ですね。

また、3つ目は、新築で東京圏・好立地だからこその強みなのですが、客付けや修繕の手間がかからない点が良かったと思っています。

・「新築一棟投資法」をどのような方におすすめしたいですか？

普段忙しくて、「客付けやメンテナンスに時間をかけられない」というサラリーマン大家さんにおすすめしたいですね。

・初めて建てる方でも、設計に不安などはないものでしょうか？

担当の方が、施主である私の意向を尊重しつつ、設計士や施工業者との協議や、工事の進捗管理をリードしてくれたので、そこまで不安に感じることはありませんでした。

また、専門用語や業界の慣習を素人にも判りやすく解説してくれたのも安心につながりました。

・当社のここが強いと思ったところは？

多くの不動産仲介業者と付き合ってきましたが、やはりここの「利回りを確保できる土地の発掘能力」はダントツですよ。

それに、想定家賃や建築コストの見積が現実的で、誇大広告の多い業界のなか、誠実性も感じました。

・新築一棟物件を建てるにあたって、お悩みになられたことはどんなことでしたか？

やはり、立地は気にしました。

この先、地震などの災害リスクはないか、競合アパートが近くにあるか、などです。

・家賃収入（空室）に不安はありましたか？

「新築一棟投資法」は空室率100％からの客付けとなるため、確かに「ちゃんと全室稼働するのか？」という不安はありました。

ですが、蓋を開けてみると12月末までに1室を残して満室、その残り1室も3月の竣工までに満室になったんですよ。

・家賃収入は確実に入ってきましたか？

稼動して半年が経ちますが、想定通りの家賃収入が入っています。

・依頼して良かったと思うことは？

融資付けで紹介してもらった金融機関と、地元信金とで比較したのですが、当時金利２％程度が普通だったところ、１・２％、30年、フルローンという好条件を引き出すことができたのが大きいですね。

●総合商社勤務　M様

・「新築一棟投資法」を知ったきっかけは何でしたか?

自分にぴったりの不動産投資法はないか、と色々調べていくうちに、「新築一棟投資法」のホームページにたどり着きました。

一度、話だけでも聞いてみようと面談を申し込んだのです。

箕作社長と面談し、この投資法なら自分に合っているのでは、と感じてますます興味がわいてきました。

・中古物件でなく、「新築一棟投資」に踏み切った決め手はどこですか?

中古だと、物件や入居者にどんな問題があるか、事前に分かりにくいですよね。中古物件はそこが不安だったのです。

それに、キャッシュフローでみると、中古・新築でほとんど変わりがなかった。じゃあ、中古のような不安がない新築に取り組んでみよう、と決めました。

「新築一棟投資法」では、土地から探せるので好立地の物件が確保できますし、デザインや間取り、設備も最新のもの。建築の企画にも関わるので、オーナーの関与度合も高いんです。イチから自分の投資物件をつくり上げる、という面でとても充実していたと感じています。

・「新築一棟投資法」をどのような方におすすめしたいですか?

新築一棟を手に入れたことによって、子供の教育費や老後の不安は完全に消えました。ですので、教育費、老後、雇用への不安が少しでもある方にはぜひチャレンジしてみてもらいたいと思っています。

・初めて建てる方でも、設計に不安などはないものでしょうか?

最初は不安でしたが、専任の担当さんや建築会社の方から丁寧な説明を受けたので、徐々に不安はなくなりました。

自分でも関連書籍(入居者ニーズ調査やリフォーム関連)を読み、不安を解消するための質問のポイントを押さえることができた、と思っています。

・当社のここが強いと思ったところは？

建売業者と違って多額な利益を乗せていないため、市場とくらべて、「高利回りが確保できること」が強みだと思っています。

・家賃収入（空室）に不安はありましたか？

サブリースを採用し、リスクヘッジはしていましたが、正直、満室になるまで不安でした。

・家賃収入は確実に入ってきましたか？

サブリースを採用していることもありますが、確実に入ってきました。最初の物件は築3年目ですが、実際の年間入居率も95％以上と良好です。

・依頼して良かったと思うことは？

迅速かつ柔軟な対応をしてただける点を心強く思っています。

●歯科医師　T様

・「新築一棟投資法」を知ったきっかけは何でしたか？

インターネットで不動産投資について調べていた時に「新築一棟投資法」の手法に興味を持ちアクセスしました。

・中古物件でなく、「新築一棟投資」に踏み切った決め手はどこですか？

中古物件ですと、入手するまでの管理状態によって、建物の状態はまちまちですよね。修繕費用などの出費がどの程度かかるのか、入手しないと分からない、という部分が不安でした。

一方、「新築一棟投資法」だと、銀行から長期の融資が引きやすく、実際のキャッシュフローが大きいことが魅力だったんです。

そして、売却を検討する際にも、築浅なので売却がしやすいという出口戦略の取りやすさも大きな魅力でした。

・「新築一棟投資法」で良かったと思ったところはどこですか？

入居募集を開始するとすぐに反応があり、竣工時点で満室になりました。

それに加えて建物も設備も新しいので、修繕などの心配はなく、まったく手がかかりません。

私は本業が忙しいので、非常に助かっていますね。

・「新築一棟投資法」をどのような方におすすめしたいですか？

新築で都内、駅近という好立地もあり、客付けも苦労がなく、ストレスが溜まりません。

立ち上がってからはまったく手がかからないので、本業が忙しい方におすすめですよ。

・初めて建てる方でも、設計に不安などはないものでしょうか？

担当の方からアドバイスを受ければ、まったく問題ないです。

どんな間取りと設備にすればより客付けに有利なのか、最適なプランのアドバイスをいただくことができました。

・当社のここが強いと思ったところは？

いくつかポイントを挙げるとすれば、

・資産価値のある土地の紹介
・客付けに適した設計アドバイス
・優良な設計士・建築会社の紹介
・優良な管理会社・税理士の紹介

などなど、入口から竣工に至るまで、素人にも万全なアドバイスをいただけるところです。

・新築一棟物件を建てるにあたって、お悩みになられたことはどんなことでしたか？

中古にくらべれば、賃料収入が入るまでに時間がかかることが気がかりでした。

それに加え、無事立ち上がるのか、立ち上がって客付けが問題なくうまくいくか、ドキドキしていました。

・家賃収入（空室）に不安はありましたか？

正直不安はありましたね。

ただし、土地を購入する前にはその土地の入居者ニーズについて、担当さんを通じ第三者（投資物件管理会社）から意見を頂いたことに加え、自身でも調査を重ねて、1つずつ不安材料を潰していきました。

・家賃収入は確実に入ってきましたか？

9部屋の物件が2週間程度で満室になりました。竣工直後から満室経営です。

初めからまったく問題なく、家賃収入が入っています。

・依頼して良かったと思うことは？

素人では難しい新築投資について、全面的にサポートいただける点です。

箕作社長以下、皆さん丁寧にサポートしてくださいましたし、不安なことは何でもコンサルタントの方に質問をすると、すぐに回答をいただけました。

ほとんどストレスを感じず、「新築一棟投資」を行なうことができたので、感謝しています。

第9章

土地探しから始める「新築一棟投資法」実例紹介

・**当社の建物の特長と優位性**

当社の企画する建物は、次のような特長があります。

・**劣化対策等級３に準拠**

75～90年は大規模な改修工事が不要なため、建物の価値を維持でき、適合証明書を取得することで、借入期間30年で融資を受けることが可能です。

・**60分準耐火構造**

一般的なアパートが45分準耐火構造であるのにくらべ、当社の建物は60分準耐火構造となっています。

・**家賃収入を最大にする間取りと設備**

一級建築士によるプラン作成により、高い利回りを可能にします。さらに、入居者層に人気の設備を入れることで高い稼働率を実現します。

・スタイリッシュなデザイン

洗練されたデザインにすることで、建物周辺の賃貸物件に競り勝つ競争力を高めます。

・「新築一棟投資法」によって建てられた物件の実例

実際に当社がコンサルティングした土地探しから始める「新築一棟投資法」の実例物件をご紹介します。

●都営大江戸線「練馬春日町」駅徒歩10分

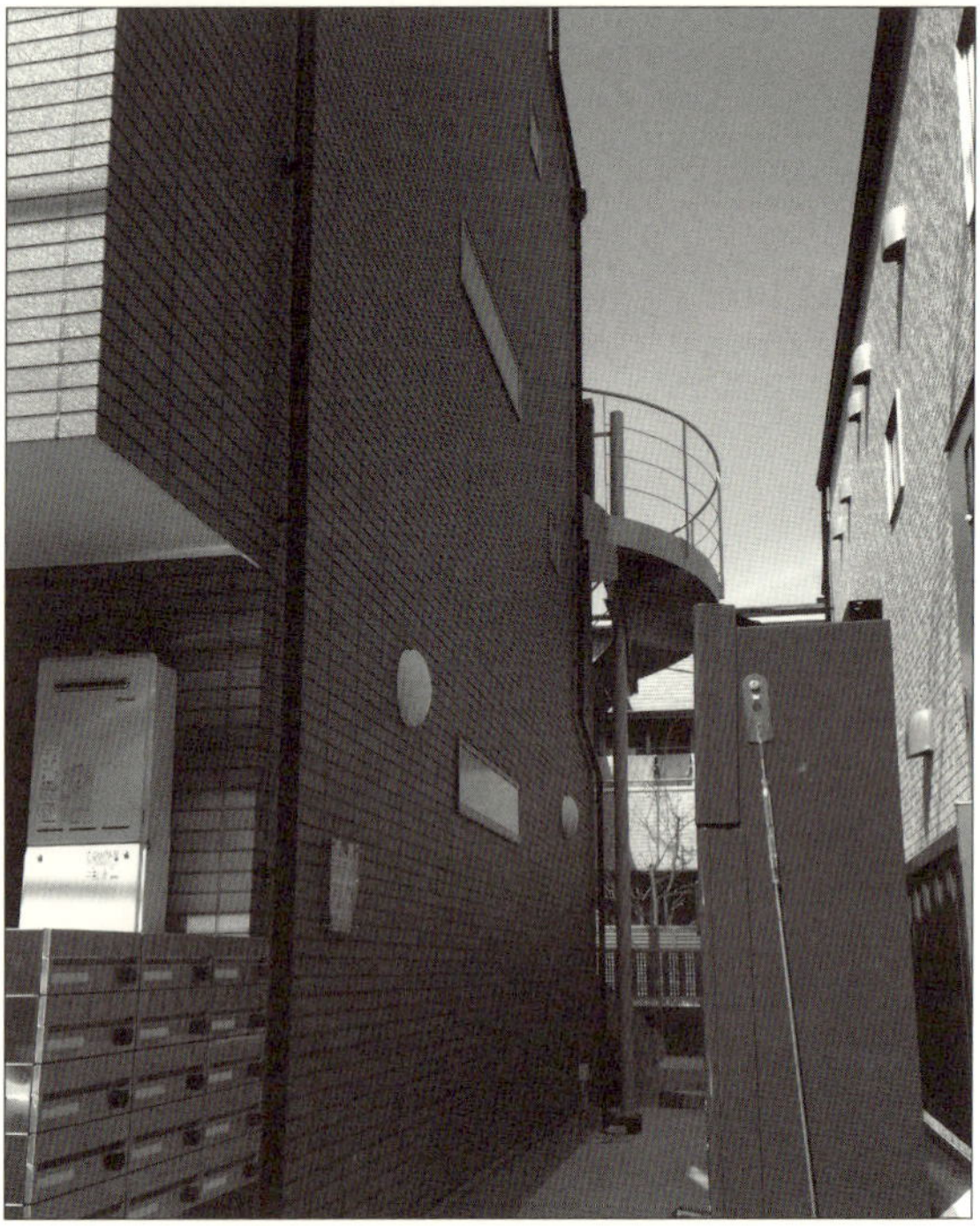

事例 1／外観

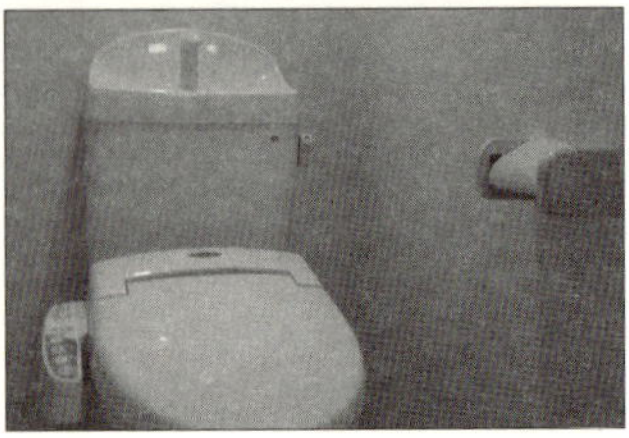

事 例 1／ 内 観

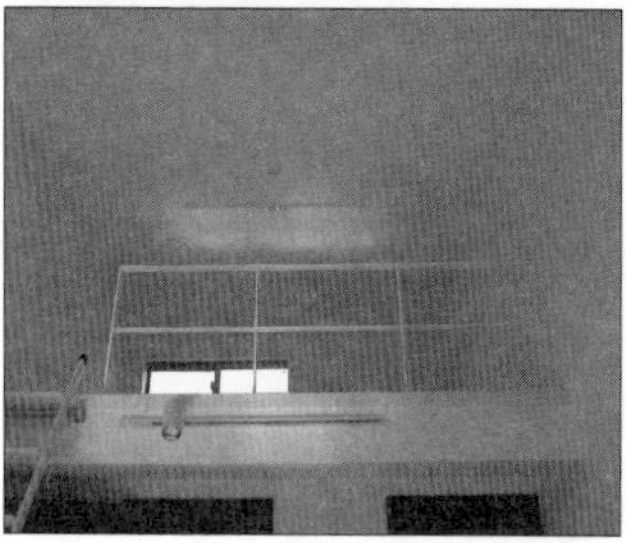

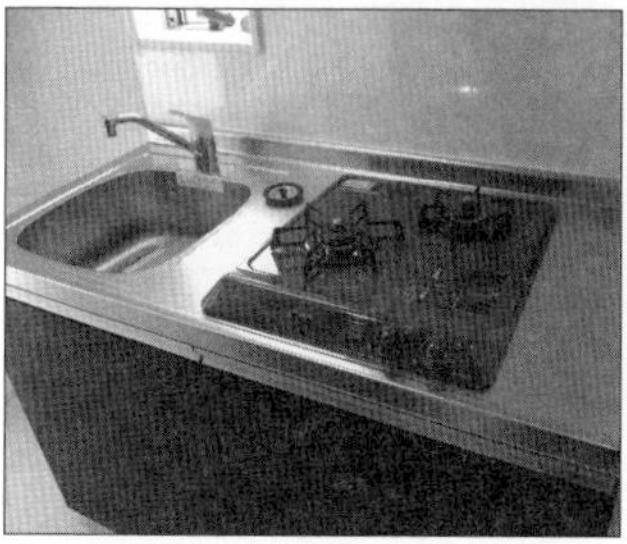

●都営大江戸線「光が丘」駅徒歩10分

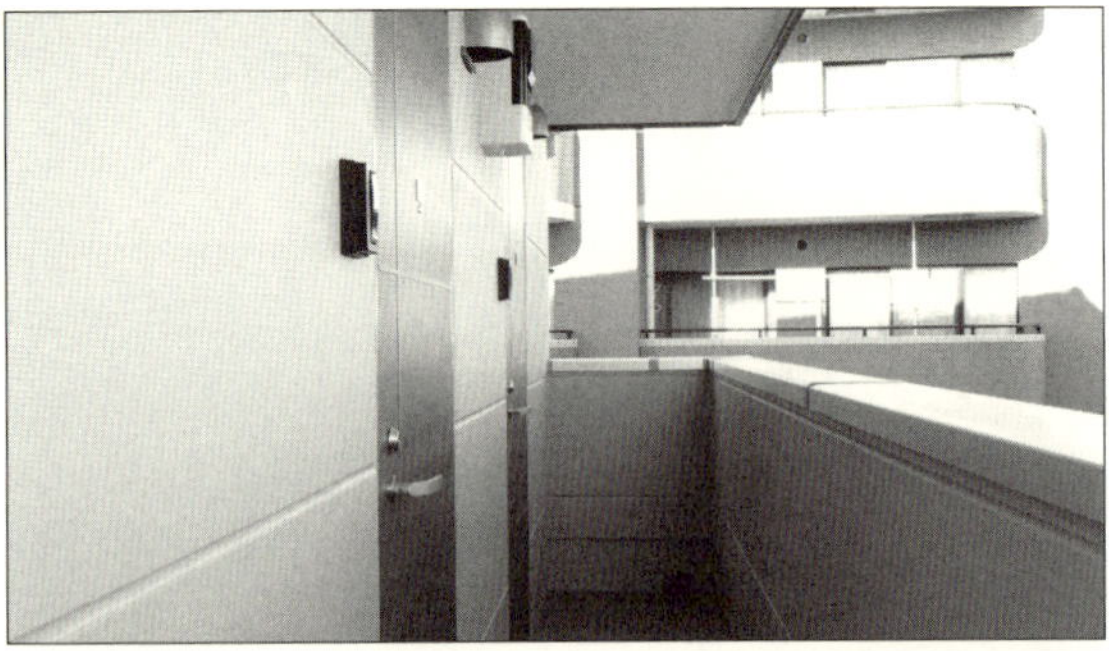

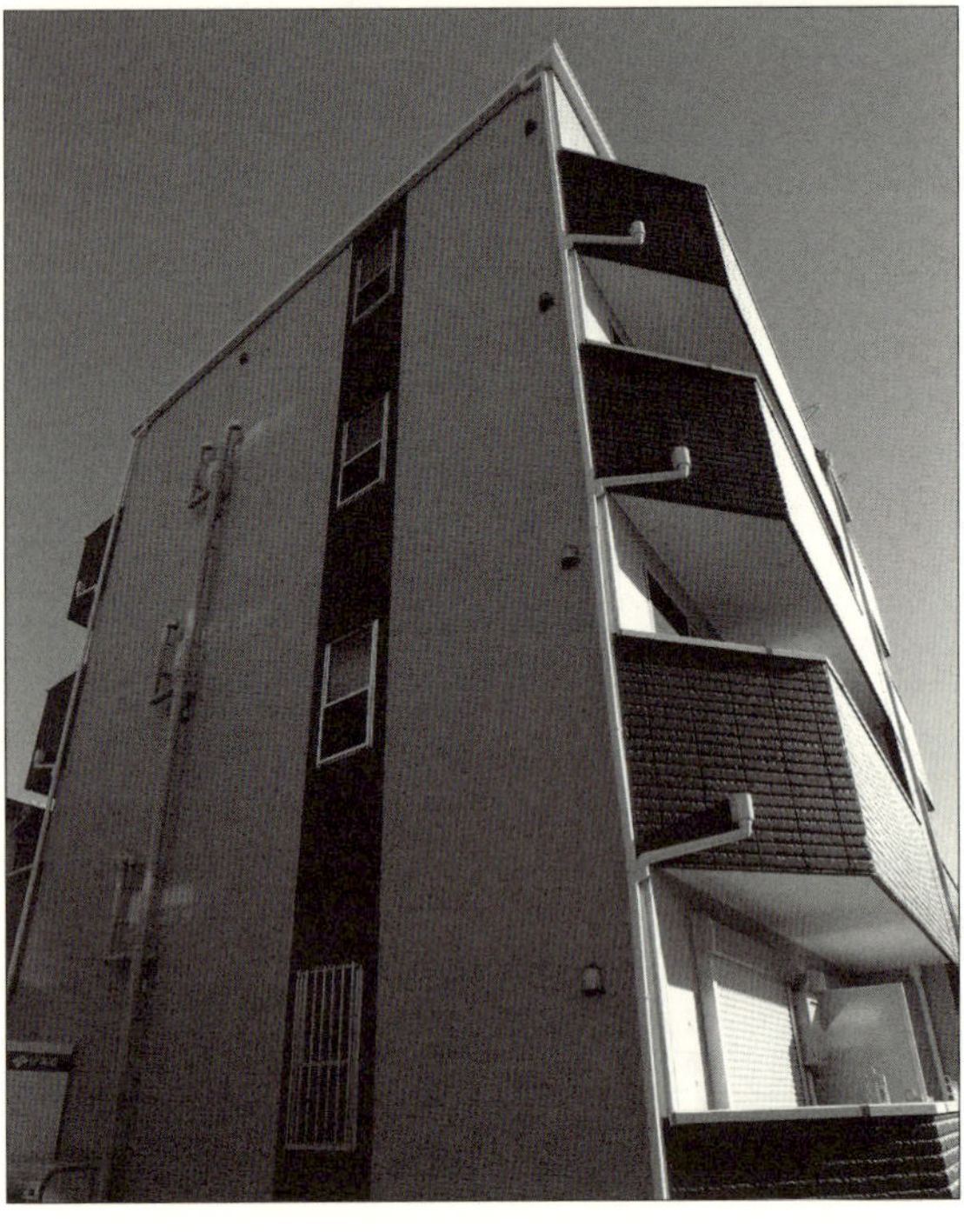

事 例 2／ 外 観

事 例 2／ 内 観

●東京メトロ　有楽町線・副都心線「氷川台」駅徒歩7分

事 例 3／ 外 観

事 例 3／ 内 観

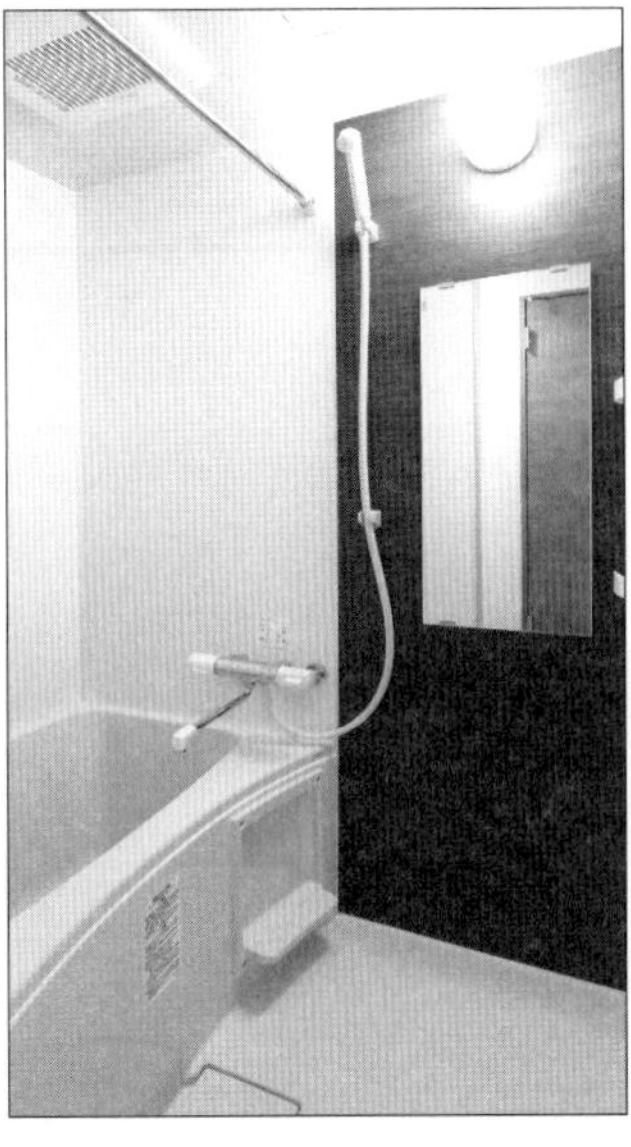

あとがき

世界的ベストセラーとなった、『21世紀の資本』のトマ・ピケティ氏が辿り着いた公式「r＞g」（資本収益率「r」は経済成長率「g」をおおむね上回るので、富は必ず資本家に集中する）が示すように、どれだけ汗水をたらして働き続けても、結局は資産を保有した者に富が集まる社会システムが厳然としてあります。

また、現在の不動産ブームの発端になった、ロバート・キヨサキ氏の名著『金持ち父さん　貧乏父さん』でも書かれていたように、働けど働けど楽にならないラットレースから抜け出すためには、資産を構築しながら、その資産がお金を生む仕組みを作らなければ、いつまでたっても楽にはなりません。

不条理にも思える社会の仕組みですが、それを非難したところで、人生は何も変わりません。

当分は変わることがないだろうこの社会システムの中で、その現実を知り、何とか幸せを掴みたい、と自分の人生に前向きに取り組み、真剣に努力した人だけが、幸せを掴むことができるのです。

多くの人々が日々の過酷な労働に追われ、先の見えない将来に不安を覚え、幸せとはほど遠い人生を送っているという現実の中で、逆にイヤというほど苦しみを経験したことのある人こそ、本当に幸せな人生を歩みたいという強い願いを持ち、真剣に努力をすることができるのです。

不動産投資という手法は、資産家ではない一般の方が新たに資産を構築し、終わりのないラットレースから抜け出すには大変有効な手段です。しかし、不動産の購入という非常に大きな買い物は、安易に行えば、大きな危険がともないます。

繰り返しになりますが、不動産投資においてまず重要なことは「物件探し」ではなく「計画性」です。多くの情報を集め、しっかりとした知識と情報量に基づいて、戦略と計画をしっかりとたて、十分な検証を行ったうえで、ベストな投資を進めなければ必ず失敗してしまいます。

特に融資戦略（使う銀行の順番）は非常に重要ですが、ちょっとした知識や情報の差が、大きな違いを生むことにもなるのです。

私の知る限りでは、「新築一棟投資法」は今、最も有効な手段の1つではありますが、ほかの投資法も含めてしっかりと情報を収集し、そのなかでご自身にマッチした最適な投資法を見つけていただけたら、と思います。

また、本書にまとめた考え方やノウハウは、すべての不動産投資に通じるところがありますので、少しでも多くの投資家の皆様のお役に立ちますことを心より願っております。

最後に、ここまで当社を支え、応援していただきました投資家の皆様、社員一同、そのほか多くの関係者に深く、お礼を申し上げたいと思います。

平成30年4月

株式会社インベストオンライン代表　箕作大

箕作　大（きさく　だい）

1974年10月生まれ。神戸大学大学院　情報知能工学科卒。
株式会社インベストオンライン代表取締役。

IT企業を経営するうち、多くの投資家に出会い、自らも投資家を志す。都内に土地から探し、賃貸併用住宅を新築。その後、賃貸併用住宅で培った土地探しから始める新築のノウハウを多くの人に提供することを目的に、コンサルティング事業をスタート。
中古の投資物件の利回りが急激に低下するなか、中古よりも高利回りを実現できる、土地探しから始める「新築一棟投資法」の提案をスタートさせると、多くの顧客に支持され、これまで300棟以上の新築物件をサポート。現在に至る。

東京圏に優良資産をつくる！
土地探しから始める　不動産投資

2018年2月15日　初版
2018年3月1日　重版
2018年4月1日　改訂版

著者　箕作　大
発行者　河西保夫
発行　株式会社クラブハウス
〒151-0051　東京都渋谷区千駄ヶ谷3-13-20-1001
電話 03-5411-0788（代）　FAX 050-3383-4665
http://clubhouse.sohoguild.co.jp

編集・本文デザイン　山本果代
カバーデザイン　佐々木 恵里乃／竹花 香
イラスト　竹花 香
印刷　東京リスマチック

ISBN　978-4-906496-56-3　Printed in Japan
定価はカバーに表示してあります。
乱丁・落丁本は、お手数ですが、ご連絡いただければお取り替えいたします。